佛洛伊德流傳最廣、

少女杜拉
的故事

Dora

Hysteria

……伊德引領著我們，探求少女杜拉內心深處的神秘莫測和她如夢似幻的心靈世界，

……探討家庭情感關係和周圍的環境，對青春期少女性心理發育變異所產生的重要影響。

……伊德將豐富嚴謹的臨床實踐與天才神奇的文學想像完美結合，創作出了一個既是充滿

……專業色彩的病變心理學研究報告，又是一個獨具匠心、耐人尋味和寫法獨特的文學作品。

袁文婷——譯

西格蒙德·佛洛伊德——著
Sigmund Freud

……入少女杜拉隱秘的內心世界，

……討了她的憂鬱、歇斯底里以及性幻想，

……度之大、描寫之大膽前所未見。

代序：《少女杜拉的故事》是怎麼寫成的

歐文・斯通

1897年，西格蒙德・佛洛伊德在學術發展上處於非常艱難的時期，此時杜拉・基施爾病例就出現了。6年前，杜拉的父親曾是西格蒙德的一位患者。現在這位事業有成的製造商把其厭惡就診的女兒帶到了伯爾格街。

18歲的杜拉・基施爾很聰慧。婚前，她的父親染上了性病，並造成視網膜脫落和半癱的長期遺患。西格蒙德經過一系列嚴格的抗梅毒菌治療，幾乎將他治癒。但是，杜拉10歲那年，偶然的一次聽到父母在臥室裡談話，對父親得過性病頗為震驚。這使她整天憂心忡忡，唯恐自己受到傳染。12歲，她患了週期性偏頭疼；後來又患上神經性咳嗽，當她來到伯爾格街就醫時，已經發展到無法講話的地步。

杜拉身材高大，發育正常，濃密的栗色頭髮紮成辮子盤在頭上，棕色眼眸裡放射出玩世不恭的眼神。她輾轉過十幾位醫生之手卻不見好轉，便開始嘲笑那些醫生醫術不良，治不好她的病。然而她那譏嘲的嘲笑聲絲毫沒能幫助她振作精神；她和父母吵架；寫了張絕命書丟在桌上，然後割腕自殺，但卻手軟狠不下心。當父親責備她的舉動時，她當即在他腳邊昏死過去。

杜拉非常關心她家和K家夫婦的關係。長期以來，杜拉瞧不起自己的

母親，說她是收拾屋子的「專業戶」，而她十分崇拜K太太。K太太是個魅力十足的女人，至少杜拉的父親如此認為，因為他和K太太有著曖昧關係已很多年。他們經常一起去旅行，杜拉父親出差時，他們就在其他城市裡幽會。杜拉幾年前就對這樁風流韻事略有所知，儘管K先生也聽說了，但他沒有採取措施阻止他們的往來。

杜拉也很喜歡K先生的，K先生也喜歡她；她16歲時，K先生邀約他的妻子和杜拉到他的辦公室去看教堂節日盛會的場面，說是在那兒能看得清楚。杜拉到了辦公室後才知道，K太太待在家裡沒來，其他職員也都回家過節去了。K先生讓杜拉在樓梯門前等他，過了一會兒，他走過來，抱住杜拉，一陣熱吻。杜拉向佛洛伊德醫生發誓說，當她掙脫開，跑到街上時，她只覺得噁心。

可是後來，杜拉和父親一起去K家夫婦的鄉間別墅住了一陣。有一次，她和K先生外出散步，K先生居然毫不掩飾地向她提出性要求。杜拉把這件事告訴了她的母親，並要求父親與K家徹底斷絕關係。當杜拉的父親當面質問K先生時，K先生矢口否認，並暗示說杜拉已對性問題入了迷，說她讀過曼特加札的《性愛生理學》和K家中所有其他描寫性愛的書刊。K先生把杜拉指控他的性猥褻說成是杜拉的幻想。自那以後，杜拉的身體每況愈下。

西格蒙德心裡清楚，這種心理創傷只有與患者的童年經驗聯繫起來才能發揮作用。杜拉現在抱怨說，她無法擺脫上身曾經被K先生摟抱時的那種感覺。

「杜拉，使你痛苦或使你害怕的那個記憶是不是被你壓抑了，故意以

上身代替下身，因為你覺得這樣說不太害臊？」

「你的意思是什麼，我不明白，醫生先生？」

「當K先生那麼熱烈地摟抱你時，你不但感覺到他的嘴唇貼在你的嘴唇上，還感覺到他那硬東西頂住了你的身體。」

「這簡直令人噁心。」

「『令人噁心』這個詞表示了道德評價。我們現在所要尋求的是全部的事實。數年來，這些事實把你從一個聰明、可愛的少女折磨到憂鬱、孤獨，與父母爭吵，企圖自殺的地步。難道我們不應該懷疑，當你被K先生摟抱時，你是由於忽然產生一種曾經有過的類似感覺才逃走的嗎？」

「我既不承認也不否認。」

之後的一兩個星期裡，杜拉的強迫觀念表現為一系列的責備，責備父親是個騙子，偷偷地和K太太私通；責備K太太可以跑遍歐洲不放過任何與父親幽會的機會，而只要K先生在家，她卻像個病人似的臥床不起；責備K先生有兩次企圖勾引她；責備哥哥在家庭爭執中始終與母親觀點一致；責備母親關心女兒的身體僅僅是為了使她把地板擦洗得乾乾淨淨。

西格蒙德的醫療經驗告訴她，如果患者一味地責備別人，正說明這個患者充滿了自責感。西格蒙德認為，杜拉責備父親對待K先生對她提出的不合理要求敷衍了事，這表明了她壓抑了自責感。因為好幾年來，杜拉一直對父親的私通持默許態度，避免過於認真地看待這件事，擔心兩家關係破裂。

杜拉開始接受新的一週治療是在一個星期一的早晨。西格蒙德一見到她就說：「你對我說過你的咳嗽發作總是持續3～6個星期。那麼K先生出

差時，通常在外面待多長時間？」

杜拉紅著臉說：「3～6個星期。」

「難道你沒有發現嗎，杜拉，你經由自己的病表現出你是愛K先生的，甚至當K先生回到他妻子身邊的時候，你也在愛著他，因為他妻子老是藉口臥病在床，不願盡妻子的義務。你現在的病的動機也是如此，也是希望透過生病來達到某種目的。」

「能達到什麼目的呢？你把我當成白癡了嗎？」

「不，杜拉，你是個聰明的姑娘。但就連最聰明的人有時也會弄不清自己的動機。你還想盡力說服父親與K太太一刀兩斷。你在這方面的努力已有很長一段時間了。假如你能利用自己的病說服父親和K太太分手，你的目的就達到了。既然你明明知道你的父母已經多年不相親相愛了，你為什麼還把父親與K太太的關係說成是『一般的風流韻事』呢？」

「她只是因為我父親是個有經濟能力的人才愛他的。」

「你是說你父親給她錢和禮物？」

「是的。她買的貴重物品，她的生活條件都不是她丈夫所承受的經濟能力範圍內的。」

「你能肯定你真正想說的不是與此恰恰相反嗎？你是想說，你父親是個沒有經濟能力的人，換句話說，他沒有性能力？」

杜拉很平靜的接受西格蒙德的提示。她回答道：「是的，我早就希望父親沒有性能力，這樣他們之間就不會發生性關係了。不過我也知道滿足性欲的方法不單是這一種。」

「你的意思是不是說可以透過嘴來滿足？因為你不久前曾對我說過，

在4、5歲前，你一直都吸吮手指頭。從哪兒得來的這個知識？是不是從曼特加札的《性愛生理學》得來的？」

「我真的不知道，醫生先生。」

「假如你想獲得滿足性欲的其他方式時，是否指你身體那些經常感到刺激的部位，你的喉嚨和口腔？你的咳嗽是否也是表達性欲的一種方式？你的無意識是否把性刺激集中在生殖器以外的地方？」

杜拉的咳嗽消失了。幾天以後，她說：「起初，我對你使用那些詞語來描繪人體某些部位的做法感到震驚和氣憤；可你談論這些部位時表現出一種工作式的態度……」

「你是說，社會上談論這些話題時色迷迷的態度毫無正派可言？」

「是的。我敢肯定，許多人如果聽到我們的談話都會感到震驚，可是我認為你的治療要比我聽到父親的朋友之間的談話體面得多，也比K先生的朋友之間的談話體面得多。」

到了此刻，杜拉難以驅除的情緒是她經常反覆講到的「我不能原諒父親的風流韻事，我也不能原諒K太太」。

「但是，你知道嗎？你目前的舉動就像個打破醋罈子的妻子？你把自己放在母親的位置上。在幻想中你也把自己比作K太太。這就是說你變成了兩個女人，一個是你父親曾經愛過的，一個是他現在正愛著的。所有這一切都說明你也愛著你的父親，而這正是你心理紊亂的起因。」

「我同意你的看法。」

幾個星期以後，杜拉告訴西格蒙德一個反覆出現的夢境：「一所房子著了火，父親站在我的床邊，把我叫醒。我趕緊穿好衣服。母親打算停下

來，帶走首飾盒；可父親說：『我不能讓我和兩個孩子為了你的首飾盒而被燒死。』我們急急忙忙下了樓，剛一出門，我就醒了。」

「杜拉，在《夢的解析》中，我說過：『每個夢都表現出了願望的滿足，如果這個願望是被壓抑著的，屬於無意識，那麼再現活動就會以偽裝的形式出現，而且只有無意識的願望才具有形成夢境所需的力量。』那麼現在讓我們來看看首飾問題。母親要救出首飾盒這件事，你是如何理解的？」

「我曾收到過K先生送給我的一個禮物——貴重的首飾盒。」

「你難道不知道『首飾盒』是女性生殖器的俗稱嗎？」

「我猜你就會這麼說。」

「你是說，你知道確有這麼回事。你的夢試圖表述的是：『我的首飾盒正處在危險之中。一旦丟失了，那都是父親的錯。』正因為如此，你才會在夢中顛倒了事實，用相反的形式表現了這一點：父親從火中救出來的是你，而不是要救你母親的首飾盒。你問自己，母親怎麼會出現在夢中，而在那件事發生時她並沒有在K家的湖濱別墅裡……」

「母親在這個夢中不可能起作用。」

「不，她可以發揮作用，因為那件事一定涉及到你的童年生活。你曾經提到過母親拒絕過一個手鐲，那時你明確表示自己很願意接受母親不要的東西。現在讓我們把這一事實顛倒過來，用『給予』代替『接受』。母親不願給父親的東西，希望由你代替。作為與此並行的想法，K先生在夢中佔據了你父親的角色；他送給你一個首飾盒，所以你現在願意把你的首飾盒給他。K太太這時取代了你的母親，她確實在那座別墅裡；根據這

個夢判斷，K太太不願給她丈夫的東西，你渴望由你來給予。這些就是你一直如此有力地壓抑著的情感，你夢中的每一個要素使得檢察官必須把它們都顛倒過來。這個夢也證明你求助於戀父情節來抵禦對K先生的愛。杜拉，要深挖你的感情；你並不害怕K先生，對嗎？你怕的正是你自己，怕自己可能會接受這個誘惑。不要隱瞞真情了，祕密是保不住的。」

杜拉深深地舒了口氣。

「我不想再隱瞞了，醫生先生。我很高興它們能被揭露出來。所有給我治療過的醫生中，唯獨你看透了我的心結。我鄙視那些人，因為他們根本不知道我的隱私是什麼。也許你真正使我得到了解脫。」

「也許……」但他對此表示懷疑。3個月的療程畢竟太短了。

西格蒙德每星期為杜拉治療6次，直到1901年元旦才宣佈結束；他把每次治療情況都完整地記錄下來。每天晚飯後，他記錄下白天的工作內容。目前他正著手整理這個病例在精神分析方面的意義，考慮發表，作為有力的佐證來駁斥那些攻擊《夢的解析》的人。基施爾一家是鄉下人，在維也納基本上鮮為人知；只要略微改動一下背景資料，就不會有暴露杜拉的危險。

直到1月末，他完成了手稿，足足有100多頁。6月，他把手稿寄給《精神病學和神經病學月刊》。編輯剛準備要發表這一病例史料，可西格蒙德卻突然改變了主意。他又要回了稿子，存放在抽屜裡。

「讓它沈澱幾年再說。」他決定，「讓公眾先炒一炒。」直到1904年，它才真正出版。

目錄

第五章：後記

第六章：補充和闡釋

第一章

緒論

我絕不會猶疑與人，甚至是與女孩子談論這些話題

——在這本病歷中，公開而坦白地討論性話題，並給予性器官與性功能一個合理而準確的科學名稱。

在1895—1896年期間，我陸陸續續發表一些關於歇斯底里的病源學及其形成過程的文章。時光荏苒，一晃幾年過去了，如今我要提供一個病歷，該病歷詳細、完整的記錄一個事例，可以用來證實我曾經發表過的觀點。為了避免事端，引起不必要的麻煩，特作此緒論，對本人所採取的治療步驟和方法加以必要的說明。

有些研究心得，是本人這些年的總結。文中有些內容或許驚世駭俗，並且還沒有經過其他專家的驗證。一旦就此發表，的確有些敷衍了事。但是，我現在還要做一件被認為是同樣草率的事，那就是將此文章發表，用以作為理論基礎的參考資料。筆者斷定，各方人士的非議會接踵而至。譬如，筆者可能會被指責為根本不瞭解病人的情況，或者被指責為自作主張將病人的隱私公開，或者沒有保護病人的隱私權等。這些非議儘管藉口有所不同，其險惡的用心卻是大同小異。因此，本人索性放棄了和解的努力，對這些流言蜚語不予理睬。

那些心胸狹窄的人對筆者的惡言指責，本人雖然並不在意；但一些問題會隨著病歷的發表不斷襲來。問題不僅有技術性的，還有社會性的。假如歇斯底里症的病因是源自於病人的內心活動、直接相關的性生活，以及同其有親密接觸的那些人，那麼病人的歇斯底里症實質上就是他（她）們長期被壓抑的祕密的一種心理願望的宣洩過程；因此，公開病歷的確在某種程度上侵犯了他（她）們的隱私權。

如果把病人的治療過程拿去做科學研究，還被他（她）們知道的話，那麼讓其開口配合便是癡心妄想；更不妄想他（她）們會同意將病歷出版了。在這種情況下，羞怯的病人首先會要求醫生應具有職業道德，並宣稱，將他（她）們的病歷公開對科學也是無關緊要的。但我認為，醫生的職責不僅僅是行醫治病，也應為科學負責。換句話說，醫生對科學負責，也就是為了以後遭遇同樣不幸的病人負責。因此，出版他自己所認為的歇斯底里病因與此病的形成過程，只要不直接傷害病人，才是醫生的責任。如果在流言蜚語面前退縮不前，那只會被人視為不敢堅持真理，怯懦的表現。

筆者已經做好了各項措施來防止病人可能受到的傷害。本人挑選了一位人生際遇不在維也納的病人，她居住的城市很偏僻，因此維也納的人不會知曉她。我謹慎小心的保守著她的祕密，只讓一位本人信得過的、醫德頗佳的醫生知道她是我的病人。直到她的治療終止4年後，筆者聽說她的生活有所不如意，而且對相關事件與心理學問題興趣趨漸冷淡時，方才出版了她的病歷。本人會保護她而不會採用能引起非醫學界人士注意的人名，並且只把這個病歷發表於純學術性的期刊上。這樣才能保證外行人不去關

注它。當然，筆者無法避免她因看到自己的病歷而感到痛苦，但她自己也清楚，除了她自己所瞭解的病情，從病歷中患者不可能再知道其他，更何況，她會自問：除了她自己外，沒有人能知道故事中的主角是誰。

本人明白，有許多醫生生活在這座城市裡，他們中有許多人（表面上也許很先進）會把這本病歷如同閱讀愛情小說一樣來消遣，而不是為了探討精神官能症（Neurosis）的病理。為了將筆者出版的病歷用於更嚴肅的學術研究，免於遭到一些醫德敗壞的醫生詆毀，本人在選擇出版媒介時，即使受到特殊的限制也不惜代價。

迄今為止，筆者克服眾多不利條件和種種矛盾的限制所完成的最成功的一部病歷，終於呈現在讀者面前。在這本病歷中，公開而坦白地討論性話題，並給予性器官與性功能一個合理而準確的科學名稱；與此同時，純潔的讀者也會從本人的話語描述中推斷出，筆者絕不會猶疑與人，甚至是與女孩子談論這些話題。

難道採取一些自我掩飾不行嗎？筆者可以鄭重聲明，本人是一名醫生，有婦產科醫生的權利；然而，對於談論性話題，有些看法則視為一種挑逗或滿足性欲的手段，是一種變態的好色狂。對於這件事，本人用一段話來表達內心的看法：「這類抗議或聲明的存在是成功的絆腳石，因筆者的想法而指責我的人希望不會存在，讓他（她）們去控訴這個時代的精神吧，因為這種精神把我們推進一種輕浮狀態，使得無法找到一部嚴肅的書能再得到保障而存在。」

撰寫這本病歷時，筆者自有辦法克服撰寫的技術性難題。如果一位醫師一天必須做6—8個病人的心理治療工作，同時還能穩住病人的信心，以

避免病人的心裡波動而影響自己對病情的觀察，並且不能當場做筆錄，這種困難顯而易見；迄今為止，找出能記錄長期病歷的好辦法一直是筆者的難題。可是，就本病例而言，有兩種情況對本人很有利：一是治療期限很短，不滿3個月；二是說明該病例的資料分為兩部分，每一部分都包含一個夢（分別在治療中期和治療後期出現），夢的內容從最初筆者便記錄下來；因此，可以作為病人解釋與回憶的線索。

事實上，在治療結束後筆者才開始著手寫病歷，內容未必像錄音那樣精準，但由於筆者個人的興趣，憑藉本人的記憶力，為這本病歷的可信度增加了很高的分數。所以，無需有刪改的要點，即使有些事情的先後次序和敘述方式有所不同，但這些變更不僅沒有折損原意，反而使文章內容更具連貫性，也更通俗易懂、言簡意賅。

此外，本文中的要點是筆者需要特別強調的地方。本文的題目應是「夢與歇斯底里」，因為本人特別習慣於說明夢的解析是如何變成病歷的一部分，而又如何重拾失去的記憶及如何解釋病人的症狀。

1900年，經過深思熟慮，筆者率先從精神病心理學的角度出發，致力於對「夢」的研究。本人將研究成果出版發表，根據被接受的情形推斷出，目前其他精神病專家對「夢」的作用、含義等的瞭解程度是微乎其微的。在此種情形下，有反對意見提出筆者把作為論斷基礎的資料都隱蔽了，以致無法證驗它們的真偽，其真實性也讓人們產生懷疑。這種說法純屬無稽之談。我們每一個人對自己的夢都能進行解析，對於解析夢的技術，將會在筆者所舉的例子與方法中學到，這並不是難事。

值得一提的是，「夢」問題的透徹研究是用來瞭解歇斯底里病情與

其他精神病精神作用過程的關鍵一步。倘若想要忽略此步驟，是根本無法獲得夢的奧祕。既然，此病歷是為那些已經具有夢的解析相關知識的人而作，那麼它必然會讓那些不瞭解這種知識而閱讀本書的讀者們失望了。這類讀者不僅沒有獲得啟示，反而增加了迷惑。因此，由於自身的無知，他（她）就聲稱作者的看法純屬無稽之談、是種幻想。實際上，這種迷惑是屬於精神病本身，只有醫生瞭解到事實真相，此迷惑才能消失。如果想繼續透徹分析事實真相本身，迷惑將會再度出現，似乎只有我們成功地研究每一種精神病的元素，回到我們已熟悉的每一元素，迷惑才能被消除。但所有跡象都顯示出情況恰恰相反，我們不得不假定許多新東西的存在，它們不僅成為獲取可靠的知識來源，而且那些所謂新東西的存在總會帶來新的迷惑。

在一切精神分析的病例中，只有此病例，才賦予夢，以及它們的解析佔據無可比擬的地位。本病歷在夢的應用方面似乎特別顯著，而在其他方面就顯得不盡人意了。當然，這與它被允許出版的客觀環境息息相關。筆者曾說過，本人不知道該如何處理治療歷時多年的病例資料。但目前此病例僅僅歷時3個月，回憶與複習起來還是輕而易舉，縱然其結果仍有許多不完整。因為治療未能如期完成，病人就自動中止了。那時，甚至有些問題仍未探討，而另有些問題還沒有完全加以闡述；如果治療工作能夠持續下去的話，我們得出的病歷有可能會更加細緻完整。因此，筆者只能在下面的講述中提供一個分析的片斷。

讀者如果熟悉分析的技術（如《歇斯底里的研究》一書所說明），或許會很震驚，那就是3個月的時間竟然對疾病的解決辦法一無所獲。自從

《研究》一書出版至今，精神分析的技術已經完全革新，這種震驚依舊不是明智之舉。最初分析工作是從症狀開始，目的就是把它們接二連三地消除。可是後來筆者卻放棄了那種技術，因為本人發現它在處理精神病的細節方面還不足以讓人滿意。現今，在選擇治療工作的題目上，筆者將權利讓給病人，讓病人自己做主，由此本人開始追問他（她）那一刻潛意識層面的活動。如此一來，消除症狀的工作就會變得很瑣碎。因為它們組成了各不相同的內容，被分散到間隔範圍很廣的不同時期。然而，即使存在這樣明顯的不利方面，新技術的優勢還是遠遠超過舊技術，毋庸置疑，它是唯一留有希望的。

面對筆者這樣一個不完整的分析結果，本人不得不仿效那些著名的考古學家，他（她）們幸運地將「長眠」於地下的、古代零散而無價的遺跡挖掘出來。從其他分析的最好例子中，筆者已經找到了所遺失的不完全部分。但是這如同一位有良知的考古學家，本人也不會遺忘在每一病例中交代：真跡終止在哪裡，筆者開始假設的地方就在哪裡。

還存在另外一種不完整性是筆者自己特意引起的。原則上，將病人聯想的解析過程發表於眾是不可取的，只能發表其解析的結果。因此，除了夢以外，分析的技術僅僅會在少數幾個地方被披露。在此病歷中，筆者的目標主要是說明精神病的具體形成過程及其症狀的來源，如果本人同時兼顧其他工作而不能專注，那將必定帶來混亂，終將一無所獲。某些粗糙的分析技術規則可以被適當的修正，而在修正之前，蒐集病歷資料將是不可或缺的步驟。然而，在本病例中，因省略技術步驟而導致的表達障礙並不能左右大局的發展。嚴格地講，這個病人未能產生技術難題，是因為在短

暫的治療過程中，「轉移關係」這一現象是不會產生效果的。

　　至於第三種不完整性並非由病人或筆者本人引起，相反地，它指出一個病歷即使完整無缺或無懈可擊，也無法解答歇斯底里的所有病因。它不能對精神病的所有類型一概而論，形成通用的解析模式。這樣對單一個病例期望過高是不公平的。任何人如果自始至終不願意相信精神性病源論的適用性——包括歇斯底里——必然也會懷疑從單一個病歷中所看到的事實真相。那麼，他最好將自己的判斷束之高閣，直到他自己的研究成果證實了他的判斷，從而使他確信。

第二章

臨床現象

一個鄙視自己母親的怪脾氣少女

——通常情況下，性的吸引力會導致父親和女兒的父女感情親密，而母親和兒子的母子感情頗佳。

「夢」被解析不是不可能，這在筆者的《夢的解析》一書中做了闡述。經過解析後，我們可以瞭解到，在夢中，隱藏在內心活動中的完整的思想結構，發揮了支配作用。現在，對於夢的解析藝術，筆者用一個具體例子加以說明。本人在《夢的解析》中曾提到過，怎樣對待有關夢的問題是筆者在研究中面臨的最大挑戰，使本人在探求精神病的工作中，儘管用了特殊的心理治療，可是依舊進展不順利。因為，在進行治療過程中，病人將他（她）們精神生活上發生的事情與他（她）們的夢的故事統統說給筆者，這些故事看似是症狀本身，但實質上充滿了病態的想法。那時，筆者試圖將「夢」這種特殊的語言解釋成我們日常語言的表達方式，本人認為這種知識對精神分析者來說是必須的，以便使人們對夢有更清晰、更直觀的瞭解。因為在潛意識層面，夢是一種表露。

病源的產生是由於某種精神內容受到意識的反對，而被打消或被壓抑。說簡單點，就是夢是躲避壓抑作用的捷徑，它是一種所謂心靈的間接表白。下面，將描述一個歇斯底里女孩治療過程的片斷，是想說明在分析工作中，夢的解析是如何扮演它的角色的。同時，《夢的解析》也將首次

給筆者出版的機會。為了避免誤解，本人用了足夠的篇幅說明對歇斯底里的精神作用過程，同時也表述了器官上的決定因素的看法。既然現在大家都認可醫生與研究人員對歇斯底里症的研究是對患者抱有最大的同情心，而不是一種高傲的態度；那麼筆者也就不需因篇幅的長度而表示歉疚了。這是因為：

「科學不夠完美，藝術亦是如此；而耐性也有它的角色。」

如果筆者在文章開篇就提出一個詳盡而完整的病歷，那麼讀者與醫生就將體會到不同的境地。病例中，那位18歲女孩的父親很籠統地描述了女孩的病情。治療初期，筆者要求病人給出詳細的生活介紹與病情的實際情況，但結果卻不能令人滿意，本人得到的資料總是不足以讓筆者窺其門徑。這個情形好比一條無法航行的大河，不時有岩石阻塞，或者被沙灘與沼澤分割，進而迷失了方向。此時，筆者不禁懷疑權威者是如何完成一部順暢而正確的、有關歇斯底里症的病歷。實際上，病人總是不能給醫生充足的報告資訊。雖然他們提供給醫生的相關資料非常充分，而且生活時期也各不相同；但除了這些資料以外，醫生對他們的內心活動還是一無所知，從而留下未彌補的空隙與無解的謎題；隨後，出現另一個完全模糊而無解的時期。

病人的說辭往往是有意虛構的，因為大部分內容都不連貫，而且事件發生的先後順序也無法確定。當他（她）們在述說故事時，更改細節或日期如同家常便飯。然後，也許又會回到最初的說法。由他（她）們的病歷即可得知，病人不能給筆者一個有秩序的生活敘述，這並不僅僅是精神病的特徵，而且它還有很大的理論意義。因為這種人可能有著如下複雜的

背景：一是病人未能克服羞怯的感覺或出於謹慎考慮，以免涉及別人，因此對他們所要講出來的事情進行有意識地隱藏。這是有意識的欺騙所產生的不連貫現象。二是部分在其他時間未忘記的資訊，在他（她）們準備告訴醫生的時候，並非刻意保留，卻暫時忘記了。這部分是潛意識的欺騙所帶來的不連貫現象。三是可以稱作真正的記憶喪失症——不僅是遙遠的事情，就連最近的回憶也變成空白——而記憶錯亂，是為了填補那些頭腦空白所造成的。

對某一件事情而言，起初內容完整的記在心中，之後記憶喪失的過程是由於事件關鍵部分遭到破壞而造成的，而事件的關鍵部分遭受破壞是因為事件發生的時間順序發生了變更。進而時間順序的變更最容易引起記憶混亂與喪失，那些易於被壓抑的部分喪失得最快。有些資料，因為受到許多壓抑作用後，當我們第一次回憶時，我們會發現回憶起來的事件有很多可疑之處，而這些可疑之處或許就是記憶的喪失而重新虛構的結果。這種情況與病例有關的記憶相互關聯，它是症狀產生的必要條件和理論前提之一。在進一步的治療過程中，我們發現其完全缺乏自覺，故不具有「強迫型精神病」的形成條件。女孩子對其母親很冷淡，這樣的情況持續很長時間了，她鄙視自己的母親，並且常常無情地指責她；因此她的母親對她而言，沒有任何影響力。

在這個女孩子的幼年時期，她唯一的哥哥（大她一歲半）就已經成為她模仿的對象。隨著年齡的增長，他們之間的關係變得疏遠。那少年很想逃離家庭的是非圈，可當他不得不捲入時，他通常會與母親的立場一致。因此，通常情況下，性的吸引力會導致父親和女兒的父女感情親密，而母

親和兒子的母子感情頗佳。

　　我們給這個病人起了一個名字「杜拉」。在主人公8歲時就開始出現精神病心理障礙症狀。那時，她患有慢性的呼吸困難，症狀偶爾會很嚴重。在一個短途的登山旅行之後，第一次開始發作，因此被解釋為由旅途疲勞過度引起。經過半年的休息和細心調養，病情逐漸好轉。家庭醫生毫不猶豫地認為，她的失常可能是屬於神經性的病因，並非器官上的病變使得病人呼吸困難。這個家庭醫生認為，他所診斷出的疲勞過度的病因是合情合理的。

　　小孩子幼年常見的傳染性疾病，杜拉也曾得過，但沒留下任何後遺症。她告訴筆者說——她的話有較深的含義——她得病之前，她的哥哥會先得病，但是病情不嚴重，而她則比哥哥更嚴重一點兒。大約她12歲那年，她開始有偏頭痛和神經性的咳嗽。最開始，這兩種症狀同時發生，後來漸漸分開為不同的情況，偏頭痛慢慢地減少發作了。在她16歲的時候，幾乎沒有再發作過，但是神經性的咳嗽，卻一直持續不斷，起初認為是感冒引起的。在她18歲來讓筆者治療時，她又在咳嗽。我們無法確定這種症狀發作的次數，但發作時間持續約一個月左右，甚至有一次長達數月之久。

　　最近幾年中，病情發作的前半期經常導致嗓子嘶啞，而此時是症狀最嚴重的時候。神經性的病因早已被診斷，但包括水治療術和局部性電療在內的種種不同的療法都沒有顯著效果。在此情況下，小女孩漸漸成長為具有獨立判斷能力的少女，她常譏笑醫生們努力的工作，甚至最後完全拒絕醫生們的治療。對於聘請新醫生的建議，她一向反對，雖然她並不反感自

己的家庭醫生，但她會拒絕任何聘請新醫生的想法。因此，她完全是在父親的強迫之下來我這裡看病的。

　　一個初夏，筆者與杜拉第一次見面，那時她16歲。筆者見到她被咳嗽和嗓子嘶啞的病症折磨的很痛苦，當時就建議她進行心理治療。然而，她並沒有採納筆者的建議，因為病情發作的時間很長，但症狀總會自然消失。第二年的冬天，她的姑母逝世，這讓她無比悲痛，隨後她留在維也納，和自己的伯父與堂妹們住在一起。她發燒時，被診斷為盲腸炎。隔年秋天，她父親的健康情形大有好轉，全家搬到她父親的工廠暫住，離開了B城。不到一年，便永久地住在維也納。

揭開杜拉自殺的真相

——在他們湖邊的屋子裡，她常看有關性愛的生理學書籍。「很可能，」他又補充說：「她因閱讀而興奮。」他斷言杜拉所說的只不過是「幻想」。

正值妙齡的杜拉，聰明而貌美，而她卻成了父母之間爭論的來源與焦點。情緒的波動及個性上的變化，目前變成了主要症狀。她顯然對自己和家庭都有抱怨，她敵視自己的父親，跟母親的關係更加糟糕，因為母親想要做家務時，需要她幫忙。她討厭社交，躲避參加各種社交活動——她埋怨自己有低落與魂不守舍的毛病——她只參加關於婦女類型的講座，從事的研究工作辛苦費力。有一天，她留在書桌上面（或抽屜裡面）的一封訣別信被她的父母發現，父母頓時變得驚慌失措，她說，她無法再忍受她這樣的生活了。

杜拉的父親判斷能力很強，對於女兒產生嚴重的自殺念頭，他猜測不會發生。但有一天，在他和女兒交談幾句後，她突然神志錯亂，父親驚慌失措起來。過後，她的記憶喪失。於是，儘管女兒強烈的反對看醫生，但他還是決定送她到筆者這裡來治療。

本病歷如同筆者上述的描寫，大體來看，可記錄的價值不大，它僅僅是一種「輕微的歇斯底里」，具有如呼吸困難、神經性咳嗽、失聲、間歇

性的偏頭痛最常見的症狀，以及憂鬱歇斯底里症的反社交性和一種輕微虛假的厭世感等身體和心理的症狀。相信很早就有人出版過更有趣的歇斯底里病例，估計內容會更加詳細。而本人所描寫的情況，都是與皮膚感覺的異常、視野的限制或其他相似的症狀無關。但筆者敢說，我們會從這些奇妙的歇斯底里症狀所表現出的現象中，探知一個仍然是謎的病症的知識，使我們對其略微增加一點兒瞭解。對與一些最常見的病例，以及它們最常見、最典型的症狀，我們所需要的是給予精確的解析。如果條件准許筆者為這「輕微的歇斯底里」做一番完整的解析的話，本人將滿意之極。本人深信自己的分析方法有能力做到，因為本人有治療其他病人的經驗。

1896年，在筆者和布羅伊醫生（Breuer）合著的《歇斯底里的研究》一書出版後不久，筆者問過一位傑出的精神分析專家，對該書中有關歇斯底里的心理學理論他有何看法。他坦白地告訴筆者，他認為歇斯底里的結論無法證明，而且只在某些病例中適用。從那時起，在筆者看過的很多歇斯底里的病例中，每一病例發病的時間有幾天、幾星期，甚至幾個月到幾年。筆者發現，所有病例都與心理學上的決定因素有關。這些因素在《研究》那本書中已假設過，也就是心理上的創傷或情感的衝突，以及在本人後來出版的書中所提到的另一種因素——性的擾亂。當然，病人不會在半途中把與病因相關的資訊告訴醫生，因為病人也有難言之隱。醫生也不能因病人的拒斥態度而說的第一個「不」便停滯不前，而不去尋找其他解決的方法。

在杜拉的病例中，由於她父親的明智——這本人已多次提到——使筆者很容易找尋病人生活的環境和她的病因之間的本質聯繫。她的父親告訴

筆者：他們全家住在B城時，曾和住在該城多年的一對K家夫婦建立了很親密的友誼。在他生病期間，K女士一直悉心照料著他，因此，他說K女士是他的救命恩人，而K先生對杜拉一直很好。他在那裡的時候經常帶給她一點兒小禮物，與她一起散步，這些對她並沒有危險。杜拉照顧著K家的兩個小孩子，幾乎像母親一樣無微不至。兩年前的夏天，當杜拉和她父親來看筆者的時候，他（她）們正打算和K家一同去阿爾卑斯山的一個湖邊度假。杜拉很希望和K家人住幾個星期，但她的父親想幾天後就回家。

在那期間，K先生也留在那裡。杜拉父親準備離開時，女孩突然決定要跟父親一起回去，而且態度十分堅決，事實上她已開始收拾行裝了。她到家幾天後，對自己奇怪的行為做了一點點解釋。她沒有和父親直接講，而是意圖透過母親將她的話轉告給父親，那就是K先生和杜拉一起散步的時候，曾向她大膽地求歡。當她的父親和伯父再次與K先生見面時，向他問起了這件事，但K先生堅決否認。他進而又將話題轉向杜拉，說他從妻子那裡瞭解杜拉對性很感興趣，在他們家湖邊的屋子裡，杜拉經常看有關性愛的生理學書籍。「或許，」他又補充道：「她因閱讀而興奮。」他斷言杜拉所說的只不過是「幻想」。

「我相信。」她的父親接著說：「這件事的發生使杜拉憂鬱，心神不定，並有自殺的念頭。她一直強烈要求我和K先生，尤其是K女士斷絕關係，但我不能，因為，我相信杜拉那些關於K先生的不道德企圖的說法只是一種主觀臆斷，更何況，我和K女士友情深厚，我不能讓她傷心。她是個可憐的女人，和她丈夫在一起是最不幸的。我逐漸地對K先生失去了好感，而K女士自己也無法忍受，我恰恰是她唯一的知音。我的身體狀況是

如此不好，也用不著向你證明我們之間是否有曖昧。我們只是兩個同病相憐的人。你知道，我從我太太那裡得不到一點兒安慰，可杜拉遺傳了我的倔脾氣，她對K家的憎恨我無能為力。當她再次強烈要我和K家斷絕關係時，她的病又發作了。」杜拉的父親讓筆者嘗試一下，看能否使她恢復理智。

她父親的話並不是前後一致，因為在其他場合，杜拉的失常被父親歸咎於她母親的怪癖。他說她母親的怪癖讓家裡每一個人都無法接受。最初，本人為了避免以後的失誤，對事實的真相並未妄自斷言。可是最終筆者聽到了有關這件事情的其他幾種說法。

K先生提出的求歡，傷害了她的自尊，似乎給杜拉留下深深地精神創傷。筆者和波諾爾先生很久以前就一致認為，精神創傷是導致歇斯底里必不可少的條件。但除了這獨特的難題外，此病例同時也呈現出各種難題，不得不讓筆者必須超越該理論。正如許多歇斯底里病例一樣，即使我們清楚病人在過去生活中所遭受的所有精神創傷，也不足以解釋或決定其症狀的特殊性。假定創傷的結果所引起的症狀不同於神經性嘔吐、失聲、憂鬱與厭世感的話，我們應該做的就是知之為知之，不知為不知。

第一次得到男人的擁抱和吻

——當他轉身的剎那，不是走出門外而是將她突然抱住，在她的唇上強吻了一下。無疑，突如其來的舉動喚起了一個從未被異性親近過的16歲女孩性衝動的情景。

如果我們進一步思考，在病人受到精神創傷的前幾年就已經發生了一些症狀，例如，咳嗽或失聲等現象，而且這些症狀最早出現大概在她8歲的時候，那正好是在她的童年時代。因此，我們有必要去尋找杜拉曾在童年時代，那些有類似創傷影響的事情或記憶。更何況，即使症狀不是發生在病人的童年時代，也要追溯到病人早期的生活史。

在克服治療中最大的困難後，杜拉告訴筆者一段很早以前她和K先生在一起的經歷，那可以說是一種「性」的傷害。那時，她只有16歲。一天下午，K先生約她到B城自己的辦公室見面。辦公室位於一個大廣場附近，他（她）們打算去參觀教堂的節慶活動。但K先生設法讓他太太留在家裡，並遣走了他的員工——因此當杜拉來到辦公室時，發現只有K先生一個人。到了預定時間，K先生讓她在一扇通往上一層樓梯旁邊的門口等他，他要去拉窗簾，可是在他轉身的剎那，不是走出門外而是將她突然抱住，在她的唇上強吻了一下。無疑，突如其來的舉動喚起了一個從未被異性親近過的16歲女孩性衝動的情景。然而，那一刻的杜拉有一種非常強烈

的厭惡感。她用力掙脫了K先生的懷抱，急忙跑出辦公室，衝到了街邊。後來，她仍然與K先生見面，但兩人都未再提及此事。杜拉一直將這個祕密隱藏心底直到治療時才向筆者訴說。然而，事情發生之後不久，杜拉有意迴避和K先生單獨見面。之前，K家準備外出旅行，杜拉本來也約好要去的。可是那個吻發生之後，她堅定的拒絕前往。

對於一個16歲女孩而言，杜拉的這種行為，完全是歇斯底里的。在性衝動的場合中，如果一個人有大部分或全然不愉快的感覺，筆者會毫無置疑地認為她是歇斯底里的，不管她有沒有身體上的症狀。對於這種「逆反心理」的解釋，在精神病心理學中被認為是最重要，同時也是最困難的問題之一。筆者認為自己離這個目標還存在一段距離，目前本人只能提供部分自己確實知道的知識。

在分析杜拉的病例特徵時，我們只關注「逆反心理」是不足以解決問題的，還要有「感覺的轉移」。在那種情況下，杜拉的感覺與一般健康女子的生殖器的感覺不同，而是被一種不愉快的感覺所佔據，這是一種嫌惡感，透過消化道入口處黏膜而反映出來的抵觸。她的嘴唇由於那一吻而受到刺激，這種刺激無疑是停留在嘴唇上的，它決定了感覺的位置。但是，筆者還發現有另一個相關的因素。

在那場合中，杜拉的感覺並沒有成為一個永久的陰影，即使在治療的過程中，它也是潛伏著。杜拉是偏食者，她承認食物不能引起她太大的興趣。此外，那一吻留下一個後遺症就是讓杜拉產生了一種幻覺。它不時出現，甚至出現在她告訴筆者的故事中。她說，K先生擁抱她時，施加在她身上的那種奇特的壓力，她至今還能感覺到。

根據一些症狀形成的規律，同時考慮到患者其他不可解釋的特殊性——任何與女士親密交談的男人，杜拉都不願接近。筆者對那一吻的情況做出了大膽的猜想——相信當男人熱情地擁抱她時，不僅唇上的那一吻讓她感覺深刻，而且她應該還感受到了他下身生殖器勃起的壓力。這使她很不舒服，這種感覺被她自己壓抑著，並且有一種附著在喉嚨上的壓迫感。從被壓抑的來源處，喉嚨上的壓迫感又得到了過度的強化。

這樣，我們又找到了一種從身體下部到上部的感覺轉移現象。另一方面，她的行為所顯露出的被迫性，似乎是對那一吻的情況直接回憶而來的。她認為，凡是處於性衝動狀態的男人，她都不願經過他們的身邊，因為她害怕遇到伴隨性衝動的身體上的反應。

我們要注意在整個過程中所表現出來的三種症狀：（1）嫌惡；（2）身體上部的壓力感；（3）迴避熱情談話中的男人。這三種症狀都是從個人經驗而來。仔細考慮上述三種現象之間的相互關係，可以瞭解到症狀形成的原因。嫌惡症狀產生於情欲的口欲區受到壓抑時帶來的厭惡。口欲區在病人嬰兒時代曾過度放縱吸吮，養成了吸吮快感的習慣。勃起的生殖器的壓力或許也與女性相對應的生殖器官——陰蒂引起類似的變化，這第二個情欲產生區域的衝動轉移成胸部的壓迫感，並停留在那裡。她所迴避的男人，可能處於性衝動狀態中，恰恰與一種恐懼症的病因相似——這種迴避使病人免於重現任何曾受壓抑的感覺。

這個故事的補充說明是可能實際發生的，為了證實其可能性，筆者很謹慎地詢問病人是否瞭解男人在性衝動時身體的變化。她當時回答「知道」；但對於那一天的那一吻，她說：「我不知道。」從一開始，筆者就

儘量避開談論有關性知識的任何新鮮事實。本人這樣做，並不是有不良動機，而是急於證實筆者對這病例的推論是否正確。因此，筆者不直接指出某物的名稱，直到病人對這種東西的間接影射已不置可否，而將它們譯成直接指涉的語言。

杜拉的回答敏捷而坦白，她是瞭解那種事的。但涉及到她的「那種」知識是從「何處」得到的問題，則是一個未知，她已經無法回憶起所有關於這方面（性的方面）知識的來源。因為，她已經完全忘記了。

假如筆者能知道那個吻發生的具體情形，嫌惡感的由來或許會一目了然。這種嫌惡的感受似乎是對身體固態排泄物釋放出來的味道的反應，但是人體的生殖器可喚起對排泄物的聯想反應，特別是男性，因為男性的生殖器還具有排尿的功能。誠然，排尿功能是與生俱來的，而且也是早於性生活之前唯一被認識到的功能。因此，嫌惡就變成一種性生活的情感表現方式。基督教早期的長老們把排泄物與性生活聯繫在一起，即使用理想化的努力也無法將它們分開。但是，筆者坦白地強調，這種聯想的途徑即使被指出，也是無法解決的。這種聯想或許被喚起，但並不表示它實際上就被喚起。的確，在正常情況下，它是不會發生。

父親的情人

——有人看到他（她）們兩個曾在樹林裡幽會，她的父親因此編造了這種自殺的童話故事而掩蓋他（她）們幽會的事實。

事實上，筆者發現杜拉對她與K先生之間的關係已經毫無興趣，即使本人絞盡腦汁，也無法引起她對這一關係的興趣，她說，她與K先生之間已經結束了。在她接受治療時，她最容易意識到或回想起的所有最表層的聯想，總是涉及到她的父親。她不能原諒她的父親繼續和K先生，特別是與K女士的交往。在對那些關係的看法上，她與她的父親預期的不同。她堅信，父親和那年輕貌美的女人的關係是一種戀愛關係。她注意到了種種跡象，這對她而言是很殘酷的（此處她的記憶很完整，絲毫沒有遺漏）。在父親病重以前，他（她）們便與K家相識，直到K女士以護士的身份照顧病重的父親時，他（她）們的關係才親密起來。而此時，在她父親的病房中卻看不到杜拉母親的身影。

在她父親病癒後的第一個夏天，他與K女士的「友誼」由地下轉移到生活中。當時，這兩個家庭在一個旅館裡共同租了一整套的房間。一天，K女士說，由於她睡眠品質不好，不能再和她的一個小孩同室。幾天後，杜拉的父親也找個藉口換了一個寢室。他（她）們兩個人都將自己的寢室搬到走廊的盡頭，這兩個房間隔著走廊相對。新的寢室可避免別人的干

涉，比他（她）們原來的寢室安全很多。

後來，她父親與K女士相關的事情每次遭到杜拉責備時，父親總是習慣說，他不能諒解女兒的敵意，並且叫孩子們無論如何都要感激K女士。當杜拉向母親談及父親這曖昧的說辭時，母親告訴她說，她父親前些時候心情曾極度地低落，甚至還到樹林裡去自殺。K女士擔心他，才跟蹤在後，並懇切地勸他為家庭著想，珍惜自己的生命。當然，杜拉依然不相信這個故事。她認為，有人看到他（她）們兩個曾在樹林裡幽會，她的父親因此編造了這種自殺的童話故事而掩蓋他（她）們幽會的事實。

在杜拉一家人回到B城後，杜拉的父親每天都會去拜訪K女士，而且都在每天的同一時間，那時卻是K先生正在上班的時間。大家都對此說長道短，並且向杜拉打聽。K先生自己曾痛苦地向妻子抱怨這些風言風語，但他並不提及與K女士的事——杜拉似乎認為這是父親的一種微妙情感。當他（她）們兩家人在一起散步時，她的父親和K女士總能很好的安排單獨見面的機會。而且K女士肯定還拿了他的錢，因為她自己或丈夫的支付能力遠遠不及她的花銷。杜拉還說，她父親開始送K女士精巧的禮物，為了掩飾，父親也慷慨起來，送禮物給她們母女。過去，K女士曾因神經系統的疾病無法行走，因此進入療養院數月，如今卻奇蹟般地變成了一個健康活潑的正常女人。

甚至在杜拉一家離開B城搬到工廠居住後，這些關係仍然保持多年。她父親不時地抱怨天氣的不適，開始咳嗽，他說，必須要為自己著想。直到他突然去了B城並從那裡寄信回來說，自己很快樂。很明顯，他的毛病不過是想去看他「女朋友」的藉口。後來，杜拉一家決定搬到維也納，杜

拉開始猜疑搬家真正的原因。果不其然，他（她）們搬到維也納才不過3個星期，她就聽說K家也遷居至此。杜拉告訴我，他（她）們都在維也納，她父親和K女士還經常在一起，杜拉在街上也曾遇見。她也常遇見K先生，他常轉身跟隨她。有一次，杜拉一個人在外面，他跟蹤了好久，以確定她去的目的地，是否去赴男人的約會。

杜拉變成兩個男人交換情人的「籌碼」

——當他（她）們住得很近時，K先生幾乎天天給杜拉送鮮花，⋯⋯而杜拉的父親卻絲毫沒有發覺K先生這些明顯的求愛舉動。

在杜拉接受治療期間，有一次，她父親又感覺到身體不適，於是又去B城住了幾週。敏感的杜拉馬上發現，到B城去的還有K女士，她去拜訪她的親戚。這時，杜拉用最嚴厲的口氣批評父親：他不誠實，他是天生的騙子，他只顧自己享樂而不顧別人的感受。

在此，杜拉對她父親批評是非對錯，筆者不加評論。從某一方面來講，她的指責可能無可非議。當她為這事難過時，筆者思緒萬千，她的父親將自己的女兒作為他與K女士交往的代價，而把她「轉交」給K先生。從杜拉對父親如此利用自己所表現的反感，發現杜拉對父親的愛可見一斑。有時候她也能感覺到自己如此激動和誇張的舉動所帶來的自責。那兩個男人當然不會同意把她當作交易的「籌碼」；特別是她父親更敵視這種暗示。但他知道自己該如何為自己解圍。

如果有人告訴他，一個成熟中的少女常常會和一個「不安於內」的男人毫無顧忌地在一起，需要警惕。他必定會說，他的女兒可以放心，而像K先生這樣的男人也決不會對她有傷害，況且他的朋友也不可能存有邪惡的念頭，更何況杜拉還小，仍然是個孩子，K先生也會把她看做是一個小

孩子。

　　而事實上，這兩個男人為了讓他們自己的良心好過些，都避免對彼此的行為給出任何結論。當他（她）們住得很近時，K先生幾乎天天給杜拉送鮮花，不放過任何送她珍貴禮物的機會，並利用他所有空閒的時間陪伴她，而杜拉的父親卻絲毫沒有發覺K先生這些明顯的求愛舉動。

　　在精神分析治療中，當病人提出天衣無縫的爭論時，醫生很容易感到一時的尷尬，病人會趁機說：「我所說的難道不都是正確而真實的嗎？你還能提出什麼更改嗎？」然而，不久之後就會發現，病人提出的這些論點不是最佳的分析解釋，其目的是想遮掩其他會遭到批評的想法，他（她）們擔心這種想法會進入意識層面。因此，病人的那一連串攻擊別人的指責，實際上是一種自我譴責。

　　我們只需將每一項指責調轉指向自己，這是我們所要做的。在這種自我防禦方法中，以指責別人來轉移自責，有一種確定的自動因素。舉一個典型例子，在小孩子的「你也是」的爭論中可以找到答案。如果有一個小孩子被指責說了謊話，他（她）會不假思索地回答：「你也是。」倘若成年人要「以牙還牙」的話，就會尋找對手真正暴露的弱點，而不會像小孩子那樣重複別人的答案。在妄想症（Paranoia）中，自責是對別人的外射，其內容並沒有什麼改變，而忽略了真實，在妄想的形成過程中，這表現地很明顯。

　　杜拉對父親的指責也有一個自責的「襯托」或「背景」，它們具有相對稱的內容。她認為，K先生對自己的行為使她父親不願更深入地去瞭解，因為她的父親害怕干擾了自己和K女士的戀情。這種想法是正確的。

然而，杜拉自己也做了同樣事情，那就是她使自己在愛的糾葛中無形的成為了父親的「同謀」，她刻意忽視任何導向真實情況的跡象。直到自己遭遇到湖邊索愛後，她才清醒過來，開始嚴厲的指責她的父親。在最初的幾年中，她對父親和K女士的關係一直給予能力範圍內的幫助。假如父親在K女士那裡，她就設法躲開他們。而當杜拉知道K家的孩子們被「趕出去」玩時，她就會趕去和孩子們一起散步，以免孩子們過早地回家。

　　但是，有個人卻急於要杜拉知道她父親和K女士之間關係的真相，並要她反對K女士，這個人就是杜拉的家庭女老師，一個已不再年輕的未婚女人。她不僅博學而且見解高明，和杜拉的關係很要好，後來杜拉對她的態度大轉變，敵視她並堅決要她辭職，是因為女老師不擇手段地攛掇大家反對K女士。她還對杜拉的母親吹風，說她丈夫和另一個女人存在親密關係，而她所表現出的熟視無睹，有損於她的尊嚴。女老師甚至還將杜拉父親與K女士之間的曖昧關係，告訴了杜拉。但她的努力終歸是竹籃打水一場空。

　　對於任何有關她父親和K女士之間關係的壞話，杜拉都不理會。杜拉輕易地就揣測出她老師的動機——她在某一方面看似遲鈍，但在另一方面卻異常敏感。她發現女老師愛著她的父親。當她父親在家時，女老師搖身一變成了另一個人，她會顯得風趣而殷勤。當杜拉家搬到工廠所在地居住而K女士不在附近時，女老師會將敵意轉向杜拉的母親，因為那時杜拉的母親變成了爭愛對手。這時，杜拉仍然對女教師沒有惡意。後來，杜拉發現女老師對她一點兒也不關心，女老師對她的情感僅是一種偽裝，是騙取她父親情感的方式。因為這樣，她才會生氣。當她的父親離開工廠時，女

老師就沒有時間陪她了，散步、她的功課這些都不曾對她關心。等到她的
父親從B城回到家裡，女老師就會施展她各種獻殷勤的方式。因此，杜拉
鄙視她。

暗戀與病痛

——杜拉認為，堂姐的胃病完全是由於嫉妒引起的。

由於女教師的某些行為給杜拉造成了很壞的影響。她對待杜拉的方式，影射到杜拉對待K女士孩子們的方式。杜拉變成了K家孩子們的「母親」，她給予孩子們教導，和他們一起散步，給予孩子們悉心的照顧，完全扮演起他們母親的角色。K先生與太太經常商討離婚的事情，但一直都不很順利。因為K先生是一位慈愛的父親，他不想讓家裡任何一個小孩感覺到被遺棄。由於對孩子的共同關愛，K先生和杜拉之間一開始就建立了一種感情的鏈條。顯然，杜拉對K家孩子們的關心，是為了掩飾一些她急於隱瞞自己和別人的東西。

同樣的判斷可以從杜拉對待孩子們的行為看出（參考家庭女老師對待她的行為），也可從她默許父親和K女士之間的關係看出——換句話說，這些年來她一直愛戀著K先生。當筆者告訴她這個結論時，她不承認。她馬上告訴筆者說，別人（例如，曾在B城和他們住過一段時間的她一位表妹）曾對她說：「你為什麼總是對那個男人無禮！」而杜拉自己就是無法回憶起這類的情感。後來，各項資料表明她無法堅持自己的否認時，她才承認在B城那段時間曾經愛過K先生，但自遭遇湖邊度假那一段事情後，一切都成為了過去。

她指責自己的父親，說他竟然對良心的最迫切呼喚置之不理，說他只關注有利於自己的愛情的一面——這些指責反過來必然會落在她自己的頭上。對父親的指責，她還說父親的身體不適僅僅是一種藉口，他利用它來滿足自己的私欲。這些指責，同樣地隱藏了一些她自己的祕密。

一天，杜拉向筆者訴說了一個新症狀，她常有像穿刺般感覺的胃痛。筆者問她，「你又在模仿誰了？」這一問一針見血。她說自己前些日子曾訪問過已故姑母的女兒們，也就是她的堂姐妹，家裡較年輕的一個已經訂婚，她的姐姐聽到這消息胃痛而病倒，被送去塞默靈（Semmering，一處著名的療養地，位於維也納南部約50英里的山上。）治療。

杜拉認為，堂姐的胃病完全是由於嫉妒引起的。當堂姐想得到某物時，她總是病倒，而堂姐現在所要做的唯一的事情就是離開家裡，躲避妹妹，免得嫉妒她妹妹的幸福。儘管杜拉認為堂姐是一個詐病者，但是杜拉本身的胃痛卻暴露出，她卻把自己當做了她的堂姐，她這種「心理模仿」的模式也許是那位幸運女孩的愛情讓她心生嫉妒，或者她將堂姐最近失戀的遭遇比做自己愛戀的遭遇。

從K女士那裡，杜拉看到生病會給她帶來好處。她知道，K先生一年中旅行在外的時間占去了大部分。當他回家時，他常發現太太身體不佳，但杜拉清楚，前一天的K女士還好好的。杜拉瞭解到，丈夫在身邊會使他的太太病倒，而太太卻因生病暗自竊喜，如此一來，她所厭惡的夫妻間的性義務便可以不用履行。

當討論到這點時，杜拉突然說出在B城居住的那幾年，她的身體狀況時好時壞，與K女士的情形如出一轍，於是筆者懷疑她的健康狀態是否也

和其他的事情相關呢？於是，根據聯想的相鄰性——時間上的相鄰性，我們可證明出內在性關係的存在，至今仍尚未公開。例如寫字，如果「a」與「b」寫在一起，就形成了「ab」，這是精神分析的一種技術性原理。杜拉曾有過無數次的咳嗽發作，嚴重時導致失聲。她所愛的人存在與否會不會影響到她的病症出現或消失呢？如果產生了印象，我們一定會發現一些巧合的事實或其他真相大白的事實。筆者問她，這些症狀發作的平均時間有多久？她說：「大概3至6個星期。」K先生旅行在外的時間有多久呢？「也是3至6個星期。」她勉強地答道。

杜拉得病，因為她愛K先生，如同K女士的病症證明了她對丈夫的厭惡一般，只是假定杜拉的作為恰好和K女士相反；在K先生不在時，她就生病。而當他回家時，她就很健康，至少在病症發作的初期似乎如此。可是在治療後期，我們有必要忽視杜拉病症發作的時間恰巧與她暗戀的男人不在的時間相互一致。因為巧合的規律性將會暴露她的祕密。如此一來，到最後病症發作的時間長短就沒有太大意義了。

許久以前，筆者在查柯（Charcot）的診療中心工作時，曾見過歇斯底里性啞症的病人如何以筆代言。這些病人寫得比其他人更流暢、更快速，甚至比他們自己以前寫得更好。杜拉的情況亦是如此。在失聲發作的前幾天，「書寫對她來講是那麼輕鬆！」其實這僅是由於生理上的代價需要，並不需要用心理學來解釋。

K先生在旅行時不僅常寫信給杜拉，隨信還會寄風景明信片。儘管K先生的回家總是出人意外，令K女士猝不及防，唯獨杜拉對他何時回家瞭若指掌。況且，跟一個不在身邊的人以通信的方式交流，這和一個人失聲的

時候，以寫代說的情形完全相同。

　　因此，筆者可將杜拉的失聲做如下的象徵解釋：當她所愛的人離開身邊時，她就放棄說話的方式。既然她不能與「他」談話，言語也就喪失了其特有的價值。另一方面，寫字變成了聯繫那個不在身邊的人唯一的途徑，得到了她的重視。

　　由此，我們是否就可以斷定，任何病例涉及到週期性的失聲發作，便可以診斷為，那個為病人所愛的人又離開了病人呢？實則不然。杜拉病症的決定性因素與眾不同，我們無法預測是否有類似的病例隨時出現。杜拉在這則病例中失聲的解釋對我們又有什麼價值呢？我們難道不是被一部虛有其表的作品所欺騙嗎？筆者並不這麼想。在此，我們必須要回顧一個常被提起的問題，那就是歇斯底里症狀的病因。這個病因可能來自心理上，也可能來自身體上；如果前者是正確的，那麼是不是所有症狀都源自心理因素呢？

　　這個問題像許多未成功解決的問題一樣，期待著執著的研究者去解決。問題的真正本質，是任何心理的或身體的一方面都不足以概括。據筆者所知，每一種歇斯底里的症狀都涉及到兩個方面。無論是缺乏某種程度的身體的配合因素，還是缺乏身體器官的某種正常的或病理的過程，都不能產生歇斯底里的症狀。而且它需要有心理上的意義，否則它不能多次重複發生——歇斯底里症狀的特徵之一就是重複出現的能力。歇斯底里症狀只是借用了該意義，其本身並不含有這種意義，它就如連綴上去一樣，並且意義隨時都在改變，依附於那被壓抑而急於想掙脫束縛的思想。與此同時，還有另外一些因素在發揮著作用，使潛意識的想法和身體的表示方式

之間的關係變得合情合理，而且也使那些關係接近某種典型的形式。

從治療的目的來講，「意外的」心理素材成為最重要的決定因素來源，而症狀的解除需要尋找到它們在心理上的意義。當精神分析能解決的症狀已被清除完畢時，我們開始以身體為基礎建立各種相關症狀——通常是一種器官上或體質上的假說。

在杜拉這則病例中，對她咳嗽與失聲的解釋，如果我們滿足於以精神分析方法治療是不夠的，我們還需要指出其器官上的因素，指出一個週期性不在她身邊的男人，讓她表達出對這個男人愛情的「身體的配合因素」（Somatic Compliance）的來源。如果症狀的表現與潛意識精神材料之間的關係非同小可，那麼我們也將在其他病例中，得到這種非同小可的印象。

或許有人會說，精神分析指出：解答歇斯底里症狀問題的線索，並不取決於「神經細胞的分子與分子間的奇特不穩定性」，也不取決於一種很輕易就進入「催眠狀態」的方法；而是取決於「身體的配合因素」。然而，在回答這種不一致的意見時，筆者提到，該問題並非因這種新見解而簡化，而是已經使它得到不同程度的解決。因此，我們不必再解答整個問題，而只要區分開有關歇斯底里與其他精神病之間不同的部分即可。在所有的精神病中，都會經歷一段較長的相同過程。之後，其潛意識的精神趨勢會得到「身體的配合因素」所提供的形體上的配合。在「身體的配合因素」尚未形成之前，會出現不同於歇斯底里症狀的現象。這種症狀與歇斯底里相關——估計是一種恐懼或強迫性行為——歸根結底，是一種精神病。

生病的真正動機

——杜拉生病的目的，只是想奪回她父親的愛，促使她父親和K女士分開。

　　現在，我們將視線關注到杜拉對她父親的態度，這種態度包含著深層次含義。她指責她父親是一個詐病者，事實上這個指責有她對自己早期久病纏身的自責，在潛意識裡，同樣是對目前狀況的自責。此時，醫生目前的工作是要推敲那些經過分析得到的暗示或隱喻。筆者告訴她，心理原因是導致她健康問題的關鍵，而且，就像她很清楚K女士的病一樣，還隱藏著其他的目的。本人認為，她得病的真正目的是想讓她的父親離開K女士，用此病作為遮掩。但她的請求或吵鬧都未能如願。也許，她想嚇唬她的父親從而使自己的目的得逞（她曾寫過訣別信）；也許，她乞求父親的憐憫（她曾昏倒多次）；也許，這些辦法都失敗了，她可能會對他實行報復。杜拉很清楚父親非常疼她，父親一旦知道女兒生病，會急得手足無措。筆者相信，一旦她的父親告訴女兒，為了女兒的健康，他已經離開了K女士，杜拉會馬上痊癒的。然而，筆者卻希望她的父親永遠都不要這樣做，因為如此一來，杜拉就會覺得自己擁有了祕密武器，將來只要一有機會，她就會再度用生病做藉口。假如她的父親無動於衷的話，筆者想她就不會那麼輕而易舉的痊癒了。

接下來，針對「生病的動機」在歇斯底里症狀中所出現的目的，筆者要做一些概括性的評論。我們必須嚴格區分生病的「動機」和生病的經常性這個問題，與此同時，還必須區別產生這種症狀的由來。動機與症狀的形成兩者毫無關聯，而且在沒有生病之前並不存在，這一現象直到後來才出現。然而，只有在「生病的動機」出現後，疾病的全貌才會形成；因此在任何一例長期病痛的病例中都可發現它的存在。

當一種症狀最初發病時，就好像是一位不受歡迎的客人闖進病人的精神生活那樣，到處遭遇敵視，可是隨著時間的推移，這種症狀會自動消失。症狀初期，病人並沒有體會出它有什麼實際「用處」，而生病常常會給病人嘗到某些「好處」的甜頭。於是，病人往往在潛意識中，不自主地借用「生病」來得到某種安慰。這樣一來，症狀便擁有了一種附帶作用，於是在病人的精神生活中，就開始對症狀採用寬容和保護的態度。因此，任何人要想治癒病人的病，就會感覺到一種巨大的抵抗力，這種抵抗力量大的讓人無比驚訝，他此時會深深地體會到，病人表面上顯示出驅除病患的決心，而內心深處並非如此。

倘若有一個泥瓦匠在工作中不小心從高空摔了下來，變成殘疾，只能流落街頭乞討。再比如，有一位能人異士允諾可以使他的傷腿恢復行走。可是筆者認為，此時人們不要異想天開地想從那個工人臉上發現感激的神色！或許他在受傷的那一瞬間，會想到日後將不能再工作只能依靠他人的憐憫過活，甚至會餓死街頭，這是人生最大的不幸。然而，他萬萬沒有想到讓他丟掉工作的東西如今卻變成他的生活來源，那就是乞討。假如這種謀生方式再被拿走，他將真正變得無依無靠了。這是由於此時的他已經完

全忘記原有的工作技術與謀生方式，長時間的殘疾已經使他習慣於懶惰，而且可能已耽於盤中之物了。

生病的動機在童年時就已初露端倪。小孩子渴望自己獨享父母全部的愛；她很清楚，生病會引起父母的焦慮，此時父母會慷慨地給予自己全部的愛。因此，小孩子發現了一種吸引父母投出全部愛的辦法；所以只有他的心理趨勢有訴諸於病的傾向時，他便會利用它。

當如此一個孩子長成女人後，她也許會發現，由於嫁給一位不體貼的男人，無情地利用她的工作能力，壓制她的意志，而一點兒感情、一分錢也不給她，致使她無法發揮小時候慣用的需求方式。在這種情形下，有一種武器——生病，便很好地維持了她的地位，這也將使她獲得所期望的照料。生病將會迫使她的丈夫犧牲大量金錢，與此同時，還要給她無微不至的關懷，這是在她健康時無法得到的。康復後，他也不得不對她好，否則，她又會利用生病來威脅他。醫治她的醫生心如明鏡——她的病情完全是非自然的。而且她藉這種理由還不會受到良心的譴責。那是早在童年時代就已經生效的方法。

但是，這類病狀是病人有意為之。它們通常是有針對性的，潛伏在某人體內，而那人一旦離開，這種病狀就會消失。有關歇斯底里特徵最籠統的看法，如同從未受過教育的病人親屬或護士的轉述，從某種意義上說，有正確性。

倘若一個癱瘓在床的女人知道家裡著火的話，她會跳起來跑出去；又假如被嬌寵的夫人知道了自己的孩子患上重病或是家裡遭遇不幸，她也會忘掉所有的病痛。當人們如此講時，實際上是忽略了意識與潛意識在心理

學上的區別。這種說法對小孩子可能行得通，而對大人未必可行。這就是為何對病人斷言說「那僅僅是意志力的問題」，鼓勵病人或譴責病人，往往沒有作用的原因。我們首要的工作是，必須透過分析的方法讓病人意識到自己有生病的動機才行。

分析生病動機是各種歇斯底里治療法的致命弱點。此外，精神分析法也大同小異。只不過，精神分析無需考慮病人的體格、病原體等因素，這是它較為方便的一面；其目的是透過分析，消除生病的動機，病人身體痊癒將變為可能。假如我們能夠瞭解更多關於病人隱蔽起來的隱私、瞭解醫生所記載的奇蹟式痊癒；那麼症狀自行消失的歇斯底里病例就會很少。目前，有三種情形可以解釋奇蹟式的痊癒和症狀自然消失：一是別人知道病情的時機已過；二是病人對某人的顧慮已經無關緊要；三是某種外來事故已改變情況。因此，整個已經達到最高潮的失常狀態，卻在一個外因作用下，突然消失了。從表面上好像是自然好轉過來，而實際上，依附於病人身上的病痛最直接的動機也被這一打擊完全解除了。

在所有病例中，或許都能找到促使病人生病的動機。然而，有些病例的動機完全是內在的，比如，自我懲罰的動機會伴隨著懺悔與自責。而與那些暗含外在目的的病狀相比，這種病例容易治療。在杜拉的病例中，她生病的目的明顯是想奪回父親的愛，促使父親和K太太分開。

杜拉奇怪的咳嗽——醫學界的震驚和恐怖

——她說，滿足愛的方法不止一種……

　　杜拉的父親武斷地指責她，關於湖邊的那段遭遇只是她想像中的故事，而且根本不聽她的解釋。這令杜拉很傷心。這種指責加上對她的漠不關心，讓杜拉幾乎瘋掉。為了查清楚她強烈否認這種指責的背後隱藏的自責意味著什麼，筆者也曾迷惑許久。本人估計在這指責背後還有其他原因，因為無關痛癢的指責不可能令人尷尬。另一方面，杜拉的故事與事實有必然的聯繫。當她發覺K先生的意圖時，不等他把話說完，就扇了他一耳光且掉頭跑走。她的這種行為一定讓K先生困惑，也使我們不解。因為長久以來，杜拉應該給他傳遞過諸多暗示，讓他對自己的表白充滿信心。要解答上述困惑，會在我們討論杜拉第二個夢時浮出水面，同時還有關於自責的答案，也會隨著解開。

　　因為杜拉再三埋怨她的父親，並且咳嗽不止；於是，筆者猜測此症狀或許和其父親有關。可是除此之外，之前所收集的很多關於該症狀的解釋，仍然不能自圓其說。根據經驗並多次獲得證實的一項原則，儘管筆者還不敢肯定它是一項普遍原則，那就是症狀是性幻想的表埠或完成。換句話說就是一種性暗示。或者說在症狀的涵義中，性幻想的表現僅是其中一種，而在其他的涵義中，沒有找到這種限制。過不了多久，所有從事精神

分析工作的人都將會發現：一種症狀的多重意義，而且同時代表多個潛意識的精神作用過程。筆者還要再解釋一句，根據本人的推測，一個症狀並不能在一種潛意識精神作用過程或幻想中產生。

假設杜拉的神經性咳嗽以性的暗示來解釋的話，那麼我們很快便可進行試驗。杜拉一再堅持說，K女士戀上她父親僅僅是因為她父親是一個「富有的人」。她在說這話時的某些細節讓筆者感覺到這句話可能暗含有相反的意義。那就是說，從性的角度看，她的父親是一個「不富有的人」。換句話說，她的父親雖然是一個男人卻是性無能，所以並不富有。對於這一點杜拉從她所瞭解的知識中得出肯定解釋。

現在筆者要指出，杜拉堅持說她父親和K女士的關係是戀愛關係，與此同時，她又說自己的父親是性無能。這兩者之間是自相矛盾的，換句話說，他不能夠過正常的性生活。然而，她的回答顯示出她無需承認這一矛盾。在她看來，性滿足的方法不止一種。（我們無法探究杜拉瞭解這類知識的來源。）筆者進一步問杜拉，是不是說除了生殖器以外，還有其他的器官可以達到性交目的呢？她做了肯定的回答。於是筆者繼續說，在那種情況下，她一定聯想到身體上如喉嚨和口腔在性的暗示中容易受到的刺激。然而事實上，杜拉對這種事情也是處於似知非知的狀態。

但是，有一點我們可以肯定，那就是當杜拉的喉嚨受到一種騷擾性的刺激，從而引發劇烈咳嗽後，她想起了兩個情侶在做口交的情景，這樣的場景卻不時地盤繞在她的心裡。她默認了這種解釋，之後不久，她咳嗽的症狀就消失了，這和筆者判斷分毫不差，但本人不會過分強調這一點，因為之前她的咳嗽也會自動消失，所以這不足為奇。

經過這簡短的分析，或許會引來讀者們唏噓聲一片——除了半信半疑外，還會感到震驚和恐怖。接下來筆者將分析這兩種感受，來看看它們是否確切。震驚大概是因為筆者與一個少女大膽地談論這種微妙而令人敏感的問題，或者對一個性活力充沛的女人聊這個話題。令人恐怖無疑地是因為一個沒有經驗的少女竟然對這種事知道得那麼清楚，而且又使得那種想像佔據了她原本應該純潔的心靈。值得一提的是我們大家應該冷靜和理智的分析這兩點。實際上，我們無需為少女想像那種事情而感到抑鬱。

　　如果一個男人和女性談論種種性話題，而不傷害她們，或許會給自己帶來猜疑。一方面，要選擇一種獨特的方式；另一方面，只要讓她們相信有些問題是無法避免的。譬如，婦產科醫生，就可以光明正大地要求病人暴露她們身體的任何部位。

　　筆者想開門見山可能是談論這種事情的最好方法啦，這也是最尊重且最遠離猥褻的方式。猥褻被認為是一般社會對待性的態度，而女性默認了它的存在。而筆者稱呼身體的器官及其作用過程用到了學術性的字眼，如果病人不知道怎麼稱呼，本人還會告訴她們器官的名稱。

　　在這種方式的治療中，筆者還聽說過，有些人做出卑鄙的事情，甚至包括醫生。在他們的觀念中，他們似乎在嫉妒筆者，或者說是嫉妒筆者的病人享有這種方式所帶來的享受。筆者太熟悉這類人的道德觀啦，所以根本不會被他們激怒。更不屑於寫一篇諷刺他們的文章。但筆者還是必須提起一件事情：起初，病人覺得性問題難以啟齒，經過本人治療一段時間後，筆者聽到了她的心聲，這讓人非常滿意。她說：「與某先生相比，你的治療交談可敬！」除非相信性問題不可避免，或者真正讓經驗說服自

己，否則能勝任歇斯底里治療的人鳳毛麟角。正確的態度是：「不入虎穴，焉得虎子」〔pour faire une omelette il faut casser des oeufs.（德語）〕。

在治療過程中，有很多說服病人的這種機會，並且非常容易。因此，我們無需為和她們探討正常或變態的性問題而感到心裡不安。於是，我們不僅要認真地工作，還要把潛意識的內容「解釋」成意識層面上的意念。畢竟，在我們認識的基礎上才會有治療的整體效果：潛意識意念的影響力更強烈於意識上意念的影響力，而且是不可抑制的；所以它帶來的影響也具有較大的危害性。

對一個沒有任何經驗的女孩子來說，讓她墮落的危險幾乎不存在。由於沒有性生活的知識，甚至在潛意識中也沒有發生，所以歇斯底里症狀是不會產生的。而一旦有歇斯底里症狀產生，那麼父母或師長心中所謂的「純潔的心靈」便會消失。十多歲的男孩子或女孩子，只要有歇斯底里症狀，純潔的心靈就會蕩然無存。

為什麼杜拉喜歡吸吮拇指頭

——我想，無人會爭辯，嘴唇和口腔的黏膜是初期的「性感區域」。

　　第二類的情緒反應——恐怖。並不是針對筆者而產生，而是把筆者的病人變態的性幻想認為是恐怖事情。在此，本人只想說，一個真正從事醫學工作的人，在對待該問題上表現出過多的情緒化傾向，進而自責病人的病態想法著實不妥。一個醫生在撰寫有關性變態的學術論文時，沒有必要表露出對所撰寫的內容的厭惡情緒，大家對這個事實應該採用科學的態度去看待，嚴謹地探討這些問題。因此，我們必須把個人的感受拋棄，嚴肅地加以對待。

　　我們應學習冷靜客觀地談論所謂的「性變態」——性的功能妙不可言，它超越有關的身體部位或性目標選擇的正常情形。至於所謂正常性生活的界限是無法確定的，當我們考慮種族、年代等不同因素時，足以使狂熱者的情緒冷靜下來。我們的確不能忽視，兩個男人之間的性愛是最令人排斥的性變態；可是這些都被希臘人所容忍，而且還賦予了它重要的社會功能。在自己的性生活中，我們每個人多少有一點逾越——時而在這個方向，時而又跑到了對立的方向上———一個為正常標準所限定的狹窄範圍。性變態就其情感層面來說，既不是粗野，也算不上是退化。

　　性變態的出現，根源於嬰兒時期，未分化的性前期的「種子」發展而

來，後被壓抑或被改變到較為高級的、非性的目標。也就是我們文化上無數成就的動力來源。所以，當我們周圍出現一個明顯的性變態者時，我們依然可以說他「仍舊」是一個性變態者，因為他之前有一段時間一直處於心理障礙狀態。

強烈的性變態傾向在所有的精神病患者身上都可以體現出來。在他們發育的過程中，這種傾向曾受到過壓抑，從而轉入潛意識，導致我們潛意識的幻想內容和文獻上所記載的性變態行為如出一轍——克拉夫特·埃賓（Krafft Ebing）在《性精神變態》（*Psychopathia Sexualis*）一書中指出在造成變態的傾向上心地單純要承擔很大一部分責任。精神病症可以稱是性變態的「負效應」（negative）。因為精神病患者的性構成，包括遺傳因素和他們在生活史中遭受的任何意外影響，都可能妨礙性趨向的健康發展。就猶如奔騰的河水遇到河床上的障礙物，被擋回去而進入其他已乾涸的舊河道。

引起歇斯底里症狀動機可能有兩種原因，一是正常性活動被壓抑；二是潛意識的性變態活動。其實許多人都清楚，儘管性變態行為被人排斥，卻廣泛地分佈在人群中。或許，筆者不說他們也知道：只不過一些人有意在提筆書寫的那一刻，存心忘記它。

因此，杜拉，這位歇斯底里的18歲女孩，她已經知道吸吮男性生殖器是達到性滿足的一種方式，她會不知不覺地發展這類的潛意識幻想，並且以喉嚨的刺激和咳嗽來表現它，這不必大驚小怪。此外，即使毫無外在來源的啟示，她得到這樣的幻想，也並不意外；因為在其他病人那裡筆者也見過類似情況。只不過在杜拉的病例中，有一個值得關注的事實；那就是

為獨立創造關於性變態者的行為一致的幻想，提供了身體上必要條件。

　　小時候的杜拉是個「吸吮大拇指」的姑娘，她自己記得很清楚。她的父親也記得直到她5歲時，這個習慣才慢慢改掉。杜拉對自己小時候的一幕情景記憶猶新，她坐在一個角落裡，吸吮著左手的大拇指，右手拉著與她一同靜靜坐在旁邊的哥哥的耳朵。

　　在此，我們發現了一個以吸吮方式獲得自慰感的典型例子，而在其他精神衰弱或歇斯底里的病人那裡也有同樣的情況。關於這種奇怪的習慣，筆者從一個病人那裡得到啟示。她是一個年輕女子，有吸吮的習慣，並且一直戒不掉。她記得自己大約一歲半的時候，一邊吸吮著保姆的乳頭吃奶，一邊有節奏地拉著她自己的耳朵。筆者想，沒有人會否認，嘴唇和口腔的黏膜是初期的「性感區域」，而在平常的接吻中也具有這種意義。在童年時期頻繁運用這一性感區域，決定了激起的身體配合因素的存在，這就是從嘴唇初始的具有黏膜的腔道。

　　因此，面對真正的人體性器官，也就是當女性瞭解了男人的性器官後，會增加口腔區性衝動的性暗示。所以大家不難想像，現在的男性性器官取代了原來的吸吮對象，或變成其替身的手指頭作為性欲對象，而重新找到早年時代所體驗過的滿足感。因此，這種吸吮男性性器官的令人排斥的變態幻想，具有最天真無邪的來源。它是被描述為吸吮母親或保姆女性乳頭的早期印象——一種見到小孩子吃奶時，往往浮起的印象的新翻版。

　　在大多數情況下，人們會從奶牛的乳房想起一種介於乳頭和陽具之間的影像。我們還可以進一步說明之前對杜拉的喉嚨症狀所進行的分析。也許有人會問，她想像中的這種行為情況，怎樣才能與我們對其症狀所作

的其他解釋統一起來呢？筆者可以解釋說，這些症狀的出現或消失都和她所愛的男人在不在自己身邊有關，同時還會參照該男人妻子的行為，有以下的意思：「如果我是他的妻子，愛他的方式會截然不同——他不在身邊時，我會生病而無精打采（因為思念）；他回家時，我便好轉而精神煥發（因為高興）。」

筆者依據以往治療歐斯底里症狀的經驗來回答上述問題：一個症狀並不一定要使各種不同意義彼此一致，也就是無需具有高度的統一性。只要所引起症狀發生的所有不同的主題性內容具有一致性就足夠了。何況在目前這例症狀中，甚至第一種一致性也有可能存在。其中有一種意義與咳嗽相關，另一種意義與失聲及病症的週期性有關。

更精準的分析可能會有更多與該病細節相關的精神內容被揭露。我們已經知道，一個症狀可「同時」按一定的規律與多個意義相呼應。我們現在可以進一步說明，它能「依次地」表示多個意義。在幾年的進展中，一個症狀可改變它的意義，也可改變其主要意義；或者說，主題可千變萬化，轉移成另外的意義。這好像是在精神病人的性格中保留了一種屬性，確保一個症狀一旦形成，就會千方百計被保留下去，即便是它在潛意識的思想已失去應有的意義。

可能我們站在機械主義的角度來解釋這種保留症狀的傾向會比較容易，因為這類症狀的產生較晚，單純的心理活動要轉變為身體的表現——這過程筆者將其稱為「轉移」，要看是否存在有利的情況。並且轉移所必需的身體配合因素是不可多得，因此，潛意識活動總會盡可能地利用已存在的發洩通道進行發洩，以此來獲得想要得到的釋放的衝動。相比較在需

要發洩的新念頭和不再需要發洩的舊念頭之間形成的聯想途徑，似乎想要創造一種新的轉移方式是難上加難的事情。發洩的衝動沿著這些途徑，從一種新的衝動返回到原有的發洩管道——在症狀中表現出來，就好像是老調重彈。這些情況都好像是在為我們表達這樣一個概念，那就是歇斯底里症狀的身體因素比較穩定，並且不易變動。可實際上，心理因素變化多端，因為替代物被發現較早。因此，我們不應該從與此相關的兩方面因素的比較中，得出任何結論。這是由於就心理學而言，精神方面的因素更突出於身體方面的因素。

戀父情結：要K女士，還是要我

——因K女士的出現而受打擊最大的，不是她的母親，而是杜拉自己。

在杜拉的腦海裡，不斷地重複出現父親和K女士之間關係的想像。如果進一步分析這種重複性想像，可能會發現一些更重要的意義。這種反覆出現的想像，實際上在不斷地誇大和不斷地加強，如同韋尼克（Wernicke）所謂的「超級」想像——雖然它的內容在表面上看來是合乎情理的，但它呈現出病理上的特徵——不管你如何利用你的意識去控制這種念頭，都不能將其排除和驅散。

一種正常的意念系統，無論其強度如何，總是可以消解的。不過，杜拉認為自己需要一種特殊方式來發洩她對父親的想法。「我不能想其他的，」她一再埋怨說：「哥哥對我說，我沒有權利指責父親的這種行為。我們應該高興，他已找到一個他所愛的女人，讓我們不該為此煩惱，因為母親不是他的知音。雖然我和哥哥的看法一樣，但我做不到，我無法擺脫他這種事。」

現在，像杜拉這樣的「超級」念頭，如果在其他人身上也發生，而他同時也意識到對那種念頭的抗拒是無效的，他該怎麼辦呢？他會反省，也會暗示。在潛意識中，這種種誇張的念頭也一定獲得了力量。由於潛意

識中被壓抑的部分變成了誇張念頭的來源，於是任何行動的排除都是無效的，或許還有一個潛意識念頭被隱藏。然而對於後一種情形，被隱藏的念頭通常還是會與那種「超級念頭」相衝突。但是彼此相互衝突的念頭卻是緊密相連，常常是形影不離，當一個念頭在意識上被誇大時，另一個相反的念頭就被壓抑在潛意識中。這種介於兩種念頭之間的關係，是壓抑作用的結果。

壓抑作用通常是因為受到一個念頭的過度強化導致的，而且該念頭和被壓抑念頭正好相反。筆者將這種過程，稱之為「逆向強化」（reactive reinforcement），而誇張念頭在意識中不能被解除（如同偏見），即稱為「逆向念頭」（reactive thought）。逆向念頭氣場很大，壓抑與其對抗的念頭，使它地位穩固，得到進一步的加強，因此意識上的思維努力無法動搖它。所以只要使被壓抑的相反念頭進入意識界，便是消除那加強誇張念頭的最佳方法。

當然，面對某些問題，我們還應做好思想準備：一個念頭的「超級性」（supervalency）不完全是由於上述的兩種原因中的一個而來，而是由於兩種原因共同所致。其他的併發情形也可能產生，不過萬變不離其宗，離不開大概的範疇。

讓我們回過頭來將這些理論應用在杜拉病例中。我們先說第一個理論，杜拉的腦海裡裝滿了父親和K女士之間關係的念頭，她並不知道，這種念頭是有強迫性的，它的根源處於潛意識裡。我們能很容易從她的生活環境及其行為中發現其根源產生的原因。杜拉的行為很明顯已經遠遠超出了一個女兒所應操心的範疇——她的內心感受和行為舉止更像一個吃醋

的妻子。她問她的父親「要K女士，還是要我」。她還時常不滿自己的父親，還有公開自殺的企圖都表示她正在扮演她母親的地位。

假如我們猜測，杜拉咳嗽背後有關性行為的想像的性質，在她的幻想中，一定用自己扮演成了K女士。因此，她不僅將自己認同為其父親一度愛過的女人，而且也認同其父親現在所愛的女人。結論一目了然，她對父親的愛遠遠超過她知道的或她肯承認的——實際上，她戀愛著他。

我認為，父與女、母與子之間的這種潛意識中的愛情（觀察他們不正常結果），與嬰幼兒時期原始情感具有相似性。筆者在本書之前已詳細闡述，親子之間性的吸引較早產生的原因，也解說過伊底帕斯的神話很可能根據這類關係塑造。很多早期有這類愛情的人，都可能留下清晰的痕跡；而那些有精神症狀傾向的孩子，或者在那些過早接觸愛情果實的孩子們的病例中，這種痕跡也很明顯。此時，某些其他影響力也讓這類早期遺留的愛情變得更加執著，以致使它變成（在孩子年幼或一直到了青春萌動期）類似性欲的東西，並具有利比多（libido）的行動力量。杜拉所處的環境為這種假設，提供了最有利的證據。

杜拉的個性從總體上看類似於父親，而父親體弱多病的同時又增加了杜拉對他的憐愛。每當父親生病時，他總是只讓杜拉做些簡單的護理工作。父親一向以杜拉早熟的智慧自豪，並在杜拉還小時，對她抱有很大的希望。由此可知，K女士的出現，受到打擊最大的，不是杜拉的母親，而是杜拉自己。

當筆者告訴杜拉，她對父親的感情，一定曾在某一個時刻最強烈，使她完全陷入對她父親的愛戀，可是杜拉矢口否認，她說：「根本沒有這樣

的事情。」然而，她隨後卻告訴筆者一些故事，關於她7歲的表妹類似的事情。她說，她常從表妹的童年中看到自己的影子。這小女孩多次目睹她的雙親爭吵，當時杜拉正好去拜訪他們，撞見此景。表妹指著她的母親悄悄地對她說：「我恨那個人！她死後，我一定要和爸爸結婚。」這種想法，與筆者對杜拉的判斷正好一致，也證明了剛才筆者所說過的來自潛意識的觀點。找不出其他方式的「是」可以從潛意識抽離出來，也根本不存在潛意識的「不」這種東西。杜拉這幾年不曾干涉過父親和其他女人之間的愛情。相反，有很長一段時間，她和那個女人還來往密切。而且我們還可從她對自己的自責中發現，她還積極促成那個女人與她父親的關係。最近，她才又重新燃起對父親的愛。原因是什麼呢？很明顯，這是一種逆反的症狀，用來壓抑那些仍處在潛意識中活躍的東西。

經過深思熟慮，筆者做出了假定：她所壓抑的東西，可能是她對K先生的愛。筆者不得不提到，假設杜拉仍然愛著K先生，但由於某些未知的原因，在湖邊度假時曾發生的情況引起她的強烈反感後，同時也喚起並加深了她對父親的舊愛，這種舊愛使她很快從湖邊那一幕的感情痛苦中解脫出來，使她清空了頭腦中這幾年來初戀時的種種顧慮。

如此一來，是什麼導致了杜拉心裡矛盾，筆者得出了一個清晰的結論：一方面，她後悔拒絕了那男人的引誘，以及她渴望得到的愛情和關愛；另一方面，有種強大的力量阻礙了這些溫情與渴望，其中最明顯就是她的自尊心。這樣，她說服自己拒絕了K先生的誘惑——這是一個壓抑的典型過程——她召喚自己在嬰幼兒時期依賴父親的情感，並加以誇張，進而保衛自己，抵抗K先生隨時可能會進入意識層面的愛情。但是無休止的

嫉妒，讓其變成了嫉妒感的俘虜。這個事實，似乎顯示還有另一個因素存在。杜拉完全否定筆者的推測，但本人決不會因為杜拉否認而認為推測錯誤。當病人被壓抑的想法第三次暴露出來時，她說的「不」是很好的證據，證明了壓抑的存在及其嚴重性；它彷彿就是一個標準，衡量著壓抑作用的強弱。如果這個「不」未能被認為是真情的流露（當局者迷），而被忽視，如果治療工作堅持下去，證明這「不」實際上代表著相反的意願「是」的跡象不久就會出現。

杜拉承認自己無法對K先生產生怨恨。她對筆者講，有一天，她和堂妹一起在街上散步時，曾遇到K先生，而堂妹不認識K先生。堂妹突然叫起來：「喂！姐姐，你怎麼了？你的臉色像紙一樣白！」而杜拉自己並沒有覺察到自己的臉色有任何不同，但筆者向其解釋說，情緒的變化和面容的變化，只是潛意識狀態下的顯露，而不是意識；它們是暴露潛意識的一種方式。

有一次，杜拉帶著非常糟糕的情緒來找筆者。本來，那幾天她的心情一直很好，可是她說不出為什麼。那天，她自己也覺得很反常，她說：她的叔叔今天過生日，但她不想去祝賀，她也不知道是什麼原因。那天，筆者用盡各種分析方法，讓她不間斷地講話，她突然間想起，K先生的生日和叔叔的生日是同一天——一個明顯地治療她症狀的依據。於是，這也說明了為什麼在她自己的生日時，收到的漂亮禮物卻不開心的原因。有一個禮物是她一直期盼的——K先生的禮物——她最喜愛收到他的禮物。不過，杜拉堅決否認筆者的觀點，直到心理分析快結束時，她才不得不承認本人分析的觀點是正確的。

更為隱祕的同性戀情：對父親情人的愛

——與一位同性同學親密無間的友情，伴隨恆久不變、永生不渝的承諾，以及敏感的嫉妒心誘發的友情破裂，是一個少女和一個男人初戀前常有的前奏曲。

現在有一個問題，筆者必須更深入地考慮。假如本人是一位從事小說創作的作家，那麼一定不去深入研究。可是筆者是一位醫學工作者，探索和分析病人的內心世界是本職工作。然而筆者將要涉及的因素，必然會使那些致力於創作的作家失望。因為他們所關心的心理問題是那些細膩、富有詩意且情節多彩的心理衝突，他們必然會將心理過程歸納和簡化。而筆者指出的因素卻讓杜拉故事中，富有浪漫多情的心理衝突的線索變得模糊不清。

然而，在真實世界裡，我們所要探討的是動機的連帶問題和精神作用的交會……總之，歸結一句話就是多重決定因素（over-determination）是其原因。因為在杜拉對她父親與K女士關係的種種極端念頭背後，隱藏著杜拉對K女士的嫉妒。針對同性對象的嫉妒，是杜拉的目標。人們早已瞭解哪些處於青春期的正常少男少女，同性之間的情愛非常明顯。與一位同性同學親密無間的友情，伴隨恆久不變、永生不渝的承諾，以及敏感的嫉妒心誘發的友情破裂，是一個少女與一個男人初戀前常有的前奏曲。

在通常情形下，同性戀的傾向會隨著時間的流逝而漸漸淡化。不過，假如一個少女和一個男人的戀愛並不稱心，這種傾向就會再度被利比多利用並逐漸增強。假如這種情形在健康人中司空見慣的話，如果我們考慮之前探討的精神病患者的性變態，是從正常的根源產生，那麼我們在後者中將找到頗為強烈的同性戀傾向。因為透過每一次的精神分析，筆者發現，同性戀情節在男女病人中相當嚴重。

　　當一位歇斯底里的女性，強烈地壓抑自己對男人性欲望的渴望時，通常我們可發現，她渴望女人的性欲望被取而代之，並且欲望有不同程度地加強，甚至達到被意識到的程度。在此，筆者將停止繼續深入探討本問題的步伐，因為它也是瞭解男人的歇斯底里症狀不可缺少的因素——遺憾的是，由於杜拉病例的分析在這方面依然沒有進展時，只能終止了。

　　然而，筆者之前曾提到過杜拉的女家庭教師，她開始從女教師那裡得到思想交流的樂趣，後來發現因為她父親的緣故，那老師待她很好。於是，她很生氣，堅決要女老師辭職。杜拉也常常提到另一個故事，值得關注的是，她提起的次數與這件事的重要性。那種隔離感甚至杜拉自己也無法解釋清楚。杜拉和她的堂妹曾非常要好，時常會把自己的祕密都告訴她。不久以後，堂妹訂了婚。當杜拉第一次不願在湖邊停留度假，而她的父親打算去B城時，她拒絕了和父親同去；可是她的父親卻邀請了她的堂妹陪自己去，堂妹欣然答應了。

　　從那以後，杜拉對她堂妹的感情開始冷淡，雖然她自己也承認，她對堂妹並沒有什麼可埋怨的，可是她自己也納悶對堂妹的無情。經過這些敏感的例子，筆者聯想到杜拉和K女士的關係，在那個時候已經多麼冷淡。

後來，筆者得知K女士和杜拉曾經關係親密，還一起同住過幾年。當杜拉在K家留宿時，她常與K女士同室而眠，K先生則到其他地方去休息。於是，杜拉變成了K太太的密友，成為其婚姻生活上各種難題的後勤參謀。她們毫無顧忌，無所不談。K女士很開心杜拉和她的兩個孩子做朋友，更沒想到，這個女孩子會和自己的丈夫發生什麼關係。

杜拉和密友說了許多壞話的男人，她又怎麼會愛上他呢。這是一個很耐人尋味的心理學問題。不久之後，我們瞭解到潛意識中的諸多念頭可以彼此和睦相處，甚至那些有衝突的念頭也可相安無事——而其中還會在意識中出現的狀態，我們能輕而易舉地解決它。

每當杜拉談到K女士的時，她的語氣中滿是羨慕，時常稱讚K女士有「白皙的皮膚」，那是作為愛人的語氣，而不是失戀者的嫉妒。還有一次，她很不高興地告訴筆者，她收到父親送給她的禮物，而這個禮物是K女士挑選的，因為她瞭解她的愛好。還有一次，她指出曾得到一件明顯是K女士安排的禮物，是一些珠寶，她說自己曾在K女士那裡見過，當時她還很渴望得到它們。

而事實上，杜拉從未說過K女士半句壞話，雖然從有關她的「超級念頭」的角度出發，認為K女士該是她全部不幸的主要根源。但這似乎與她表面上的言行不符，反射出她複雜的心理活動。可是被杜拉所熱愛的K女士又曾如何待她呢？當杜拉控告K先生無禮時，她父親致信給K先生要求其解釋，K先生回信抗議說，他對杜拉的感情是最崇高的，然後K先生建議說，要到杜拉父親的工廠所在地澄清誤會。幾個星期之後，她的父親在B城和K先生見面後，打消了任何對K先生的人格懷疑。

恰恰相反，K先生開始在背後說杜拉的壞話，並且運用他的邏輯知識推理，振振有詞地說，男人們是不會喜歡一個看那種書（涉及性問題）並對那種事感興趣的女孩子的。杜拉此時才恍然大悟，K女士不僅出賣了她，而且還詆毀她：因為杜拉只和她一起看過有關性方面的書，並談論過成人話題。這件事的發生與那位女家庭教師的做法一模一樣——K女士借愛她作掩護來愛她的父親。

　　K女士為了防止自己和杜拉父親的關係受到干擾，毫不猶豫地犧牲了杜拉。這個羞辱傷害了杜拉的心，可能比另一個傷害——她企圖用來掩飾她的父親出賣她的這個事實——更可能成為杜拉精神病的根源。關於褻瀆知識來源，並且帶著奇怪的健忘症，對她而言是如此的頑固，也正說明了她在這件事裡受到了多麼大的傷害，並且K女士的背叛，也讓她受到不同程度的影響。所以，筆者相信自己的推測：杜拉對她的父親和K女士關係所產生的那些超級念頭，不僅是為了壓抑她對K先生的愛——這是被意識到的，而且也是為了掩蓋她對K女士的愛——這是更深層次的意義，是屬於潛意識方面的！那些念頭與後者所引起的心理活動相衝突具有直接關係。她不停地告訴自己，父親為了那個女人，使她成了他們倆人的犧牲品，並不停的抱怨K女士佔有了她的父親；如此一來，她不僅成功地隱藏了心理活動相衝突的事實，也就是她不滿自己的父親佔有K女士的愛，而且她也不能原諒她所愛的女人的背叛，使她的美夢落空。一個女人在潛意識中嫉妒的情緒和一種男性的嫉妒情緒融合在一起。這些男性的，說得更準確些，親女性的感情，可以說是患有歇斯底里症狀的女孩子典型的潛意識性生活。

第三章

第一個夢

四個相同的夢與樹林裡的遭遇

——那天下午，我如往常一樣躺在寢室的沙發上小憩。突然我醒來，
看見K先生站在我身邊……

在杜拉的童年時代，有一處疑點一直讓筆者迷惑不解，本人查閱了她
的病例檔案卻毫無所獲。正當一籌莫展時，杜拉告訴筆者，她在幾天前的
一個晚上，又做了與之前幾次內容相差無幾的夢。這令筆者非常好奇，這
個週期性反覆出現的夢是如何產生的呢？如果將杜拉的夢和整個分析有機
地結合，對精神病的治療是否會產生非同尋常的意義呢？因此，筆者決定
進行深入細緻地探討。

她幾次做夢都夢到同樣的情景：「有一棟房子突然著火。父親站在
我的床邊，把我叫醒。我迅速穿好衣服，這時母親不管我的安危卻忙著搶
救她的珠寶盒，父親說：『我不想讓我的兩個孩子為了你的珠寶而葬身火
海。』於是我們匆匆跑下樓梯，可一到外面，我就醒了。」

因為這個重複出現的夢，筆者便問她第一次夢到是在什麼時候，她說
她記不清了。但她記得在L地（湖邊度假的地方，她曾和K先生在那裡有過
一段不悅的遭遇）時，連續三個晚上重複做這個夢，而在維也納，同一個
夢幾天前又出現了。當筆者聽到她的夢和L地有關時，就大大增加了解析
這個夢的把握。

可是，首先需要找出促使這個夢最近又重現的原因。於是，筆者要求杜拉把夢的內容和與這個夢有關的所有事情詳細地講出來。此時，她從以前的治療中，對夢的解析多少都有些瞭解。

「發生過一件事。」她說：「但它不屬於夢，因為它是最近發生的，而那個夢之前做過。」

筆者鼓勵她說：「沒有關係！說吧！最近發生的事最終會和夢相符合的。」

「前幾天，父母親一直在吵架，原因是母親晚上把飯廳的門鎖上了。因為只有穿過飯廳的門才能到我哥哥的房間。父親不希望哥哥晚上被鎖在房間。他說不行：如果晚上發生什麼事情，他必須能夠迅速離開房間。」

「因此，你便會想起著火的危險？」

「嗯，是的。」

「我現在要對你說過的內容仔細推敲。我們或許可以很好地利用它們。你說『晚上也許會發生什麼事情，而你哥哥也許必須迅速離開房間』。」

現在，杜拉似乎發覺了最近做夢和最初那個夢之間有關聯，因此她繼續說道：

「當我們（父親和我）到達L地時，父親很坦白地說他怕著火，我們在雷雨交加中到達L地，並看到那小木屋沒有安裝避雷設施。因此，他有這樣的憂慮是可以理解的。」

目前要做的事情，就是找出L地的事件和重現的夢之間有何必然聯繫。筆者說：「那個夢在你到L地的第一個晚上做過嗎？在隨後幾個晚上

是否也夢到呢？換句話說，在湖邊樹林裡那段遭遇之前或之後？」（我必須強調，那一段遭遇在到達第一天並未發生，而且發生那件事過後她還繼續留在L地多日，只是對那件事閉口不談。）

她起初回答說不知道，但過了一會兒，她說：「是的，我想是在那一段不愉快事情之後。」

根據她的回答，筆者知道那夢是因那段遭遇而產生的。可是，為何它要在L地重現三次呢？筆者又繼續問道：「在那段遭遇之後，在L地你還停留多久？」

「四天。第五天我就和父親一起離開了。」

「現在我敢肯定那夢是對你和K先生的那段遭遇的直接反應。這個夢是你在L地第一次做的夢。因為你只是想抹去那種心理聯想而記憶模糊。但我仍然對這種解釋不太滿意。如果，你在L地多停留四天，那個夢也許應重現四次吧？」

她避開筆者的問題，不再爭論。這是由於，有一段新鮮的往事在回答筆者的問題前從她的記憶中冒了出來。她說道：「在湖邊郊遊之後，K先生和我在中午就返回小屋，那天下午，我如往常一樣躺在寢室的沙發上小憩。突然我醒來，並看見站在我身邊的K先生……」

「情況就像在夢中你看見父親站在你床邊一模一樣？」

「是的，我問他要做什麼。他很自然地順口答道，他要到自己的寢室拿一些東西。這使我對他警惕起來，於是我問K太太是否有寢室門的鑰匙。第二天早上，當我穿衣服的時候，我把門鎖起來。在沙發上小睡時，發現鑰匙卻不翼而飛。我確信，K先生取走了鑰匙。」

「因此，在這裡，我們對房間是否鎖住有了衝突，這是那個夢的第一個聯想，而且也是導致最近夢重現的直接原因。我只是奇怪『我趕緊穿衣服』這句話是否和這有關？」

「那時，我決定如果和K先生共處一定要父親在身邊。隨後的幾天早晨，我不禁害怕了起來，K先生或許會在我穿衣時嚇我；因此我『總是很迅速地穿上衣服』。你知道，父親住在旅館裡，而K女士總是很早就去父親那裡和他幽會。不過，K先生騷擾我的事情再沒有發生。」

「我能理解。在那段樹林裡的遭遇之後，第二天下午，你想要躲避他的突襲，而在接下來的三個晚上，你利用睡眠時重複那種『躲避』。（第二天下午，在做夢之前你已經知道自己在第三天早晨沒有鑰匙能夠把門鎖起來讓你安心穿衣；於是，你只有儘快地把衣服穿起來。）每天晚上，你的夢重複出現，那等同於一種躲避。『躲避活動』在實現以前一直存在著。你像在對自己說：『在這個房子裡，我將不會安寧，也無法安睡。』但你做夢的時候，情況不同你所說，而是變成了『一到外面，我就醒了。』」

在這裡，筆者主動將自己的分析打斷，以便比較這段夢的解析與對夢的形成機制做出的概論。在《夢的解析》中，筆者說過，第一個夢是一個願望以一個被實現的方式呈現出來，如果那個願望被壓抑而屬於潛意識，那麼這個願望將會以一個偽裝後的夢的形式出現，除了小孩子的夢以外，形成夢的決定因素是潛意識的願望或深入潛意識的願望。也許筆者堅持每個夢都有其意義，並且可以通過某種解析過程發現它，當解析結束時，夢可以是做夢者清醒時精神生活中可分辨的想法；那麼，筆者想自己得出的

理論可能不難被接受。如果那時筆者繼續說，夢的意義有許多種，如同清醒時的大腦思維形式一樣；在一種情形中，它是願望的實現，而在另一種情形中，它是具象化的潛意識，或者是入眠中的反省，或者可以說是一種躲避（如杜拉的夢），或者是一種在睡眠中進行的創造性構思等。如此一個理論，許多人會因它的簡單性而深深被吸引，而且在許多被完滿解釋的夢的例證中，它已經獲得了有力的支持。

珠寶盒的意義

——「或許你不清楚，不久前，你用小手提包來比喻的東西是另外一種常見的暗示，就是『珠寶盒』的意義，即女性生殖器的象徵。」

在筆者另外創立的一套理論中，本人認為夢的意義僅僅只限於一種表達願望的形式。然而，這個理論剛一發表，就遭到了世界性的攻擊。筆者在此必須申明，簡化一個心理學的過程並非本人的權利和義務，以便使它更易於被讀者所接受。本人認為，將複雜的內容簡易化，必須使研究登上一個新臺階，找出複雜內容的規律。這一點也在本人自己的研究中得到證明。因此，表面上看起來是絲毫沒有聯繫的事情，實際上是符合筆者所闡述的內容。理論對本人來說非常重要。例如，杜拉的夢實際上是白天所形成的躲避K先生的願望和方式，可是卻成了夜晚夢中的延續。

然而，那個夢有許多地方仍待解析，於是筆者繼續問道：「你如何看待你的母親先不救人而想要搶救珠寶盒的呢？」

「母親很喜愛珠寶，因此父親買許多給她。」

「你喜歡嗎？」

「有一段時間，我也很喜愛珠寶；但自從我得病以後，我就不戴了。4年前（也就是那個夢出現的前一年），父親和母親還曾為了一件珠寶激烈地爭吵。母親想要一對珍珠耳墜，那是很貴重的東西。可是父親不喜歡，

因而買了一條項鍊代替耳墜送給她。母親為此勃然大怒，她對父親說，花那麼多錢買一件她不喜歡的禮物，還不如送人好了。」

「我敢肯定，你很喜歡並樂意接受它。」

「我不知道。我真不清楚母親怎麼會進入我的夢中；那時她並不在L地和我們在一起。」

「稍後我會向你解釋。你對珠寶盒真的沒有其他的聯想嗎？我們談話到目前為止，你只談到珠寶，然而跟盒子有關的事卻沒有提到。」

「是的，K先生不久前曾送給我一個昂貴的珠寶盒。」

「這個禮物很恰當。或許你不清楚，不久前，你用小手提包來比喻的東西是另外一種常用的暗示，就是『珠寶盒』的意義，即女性生殖器的象徵。」

「我猜你就會這麼說。」

「你對那個夢的意義自己心裡很清楚，而且夢的意義現在也顯得更清晰了。你對自己說：『這男人想害我；他不經過我的允許要進入我的房間。我的『珠寶盒』有危險了，如果有什麼意外，那都是父親的錯。』為此，你選擇了一種情景出現在夢中，表現出與現實相反的意思——在一種危險中，你父親救了你。在夢的這一部分，卻與現實恰恰相反。答案馬上揭曉——如你所說，你的母親是你以前競爭父愛的人。在項鍊那件事中，實際上你很願意接受你母親拒絕的東西。現在且讓我們換個思考角度，以『給予』代替『接受』這個詞，以『保留』代替『拒絕』。那麼，它的意思是你準備給予父親的東西是你母親拒絕給他的，而那個東西與珠寶密切相關。現在，我們再回頭想想K先生送給你的珠寶盒。你開始產生一種

平行的念頭，也就是你父親被K先生取代，並且他也是站在你床邊的人。他送你一個珠寶盒，所以你也該給他你的珠寶盒。之所以提到『禮物』，就是這個的緣故。在這種想法之下，K女士取代了你的母親。（你不會否認她當時在場吧！）所以你準備給予K先生的東西，是他的太太拒絕給他的。這樣壓抑的念頭如此強烈，並且這使得它所有的成分，都轉變成與之相反的內容。這個夢是我在給你釋夢以前所解析的最好證明：你在喚回你以前對父親的愛，以便保護你，進而避開K先生的愛。可是，所有這些努力又不能說明什麼。你不僅害怕K先生，更害怕自己，怕你最終敗在他的誘惑下。總之，這些努力再度證明了你是深愛著他。」

　　杜拉自然不支援筆者這部分的解析。但是，筆者自己必須要做出更進一步的分析，因為本人希望杜拉在下一次治療時可以配合筆者的工作，有些是完成夢的理論不可缺少的步驟，以防止這個典型的病例在中途流產。

　　對於杜拉那模稜兩可的話所進行的暗示，筆者感覺不能忽視，那就是「也許她需要離開房間，也許晚上會發生什麼意外」。除了這點之外，這個夢的解析對筆者來說還算不上完整，因為有個特殊的要求尚未滿足：這個要求或許不重要，可是本人卻希望能找出合理的解釋來解答。

夢中的「火」與「水」

——「不僅因為怕著火。人們被警告不要『玩火』，是一種特殊的暗示或雙關。」

現在，筆者確信已對杜拉的夢的要素掌握的十分清楚了，透過對這些要素進行合理的整合，杜拉童年時代的生活場景便可以重現我們眼前。

針對這個問題，筆者先從一個小實驗著手並展開討論。在和杜拉談話時桌子上正好有個大火柴盒。筆者讓杜拉觀察一下桌上有沒有與往常不一樣的東西。她並沒有注意到有什麼特別。於是，筆者問她是否知道為什麼小孩子被禁止玩火柴？

「是因為擔心著火。我叔父家的小孩很喜歡玩火柴。」

「不僅僅是擔心著火。孩子們被警告不要『玩火』，是一個特殊的暗示或雙關。」

杜拉回答不知道。「很好，小孩子玩火會有嚴重後果。如果他們玩火，他們就會尿床。『水』和『火』是相對的概念，這一對概念是他們擔憂的根本原因。也許他們認為，夢到火而用水來熄滅。這本人不敢確定。但筆者發現，在夢裡，水和火的對稱扮演主要角色。你的母親想要保護那珠寶盒免得它被『燒掉』；然而轉移至夢中，這就變形為『珠寶盒』是否被『弄溼』的問題。但水火不僅是一組反義詞，它也直接象徵愛情（如熟

語『欲火中燒』）。所以從『火』這象徵性的意義中，有一種力量意味著奔向愛的念頭；而另外一種力量則從相反方向的『水』，碰觸到與『愛情』有關的支線（因為愛情在弄溼東西後，它會偏離它的目標，向一個不同的方向跑去。）然而，哪個夢對應的又是哪一個方向呢？可以想一想你用的語句：『也許晚上會有意外發生，也許他需要離開房間』。這是否就意味著身體上某種緊急情況？況且，你設想的這一意外是在孩提時代發生，除了尿床外，還會是其他什麼情況呢？但通常用什麼方法防止小孩子尿床呢？當然，通常情況是在晚上叫醒他們起床，就如『你的父親在夢中叫醒你』一樣。所以，這情況一定會實際發生，但是你卻以父親取代K先生，因為事實上，K先生使你從夢中醒來。於是，筆者就不得不得出，你小時候尿床的習慣通常要晚於其他小孩戒除。你哥哥的情況大概也如此。因為你父親說：『我拒絕使我的兩個小孩毀滅……』你哥哥和在K先生家發生的實際情況沒有任何的聯繫，因為他並未和你一同去L地。那麼，現在說說你的意見吧？」

「我對自己以前這方面的情況毫無頭緒，」她回答，「但我哥哥卻常常尿床，一直到他6、7歲，甚至有時候白天睡覺也會尿床。」

接著，她繼續回憶說：「有一段時間，我也經常尿床，但不是在7、8歲之前。並且，這種現象我想一定很糟糕，因為我記得父親曾請醫生來治療。因此，尿床現象一直延續，直到我的神經性氣喘發作以前不久。」

「那醫生是怎麼診斷的呢？」

「醫生說是神經衰弱，他認為不久就會好轉。他給我開了一種治療神經衰弱的特效藥。」

夢醒後的菸草味：少女對吻的渴望

——如果真是這樣，這夢的補充便恰好意味著她對吻的渴望，因為和一個抽菸的男人接吻肯定會嗅到菸味。

現在，對筆者而言，似乎已完成了對這個夢的解析。但是，第二天杜拉卻又帶來了一些對這個夢的補充。她說忘記告訴筆者，每次她睡醒以後，都能嗅到菸的味道。菸當然與火有聯繫，但它多多少少卻與筆者有點特別關係，因為在治療過程中，每當她斷言說，在種種現象背後，並非意有所指時，筆者時常回答說：「無火不生煙！」可杜拉不贊同這種暗示看法，她說，K先生和她父親都是非常喜歡吸菸的人！她在湖邊度假時也吸過，而K先生在向她做性引誘之前，還曾捲了一支菸給她。她清楚的記得，在L地，有三次做夢的時候，都能嗅到菸味，而最近夢重現時，就不算是第一次嗅到菸味。由於杜拉不願給筆者更多提示，本人只好獨自來分析。杜拉聯想到菸味，這一情況的出現只能附加在做夢之後；因此，它必定克服了導致潛抑作用的一種特殊力量。也許它和夢中最曖昧的念頭和最成功地受潛抑的念頭有關，也就是說，被那男人誘惑的念頭所屈服有關。

假如真如筆者分析的那樣，那麼說明這夢的補充材料恰恰意味著她渴望得到吻，因為一個抽菸的男人，如果和她接吻肯定會嗅到菸味。然而，杜拉兩年前便和K先生接過吻，並且如果杜拉提供機會讓K先生接近，一定

還不止一次。所以，誘惑的念頭又似乎被早期的情景牽回，對接吻的回憶又積極行動起來。為了抗拒它的引誘，從小「吮大拇指的女孩」便以嫌惡感來自我防禦。透過分析的結果，跡象似乎在筆者的頭上產生了移轉，本人也吸煙，或許有一天，因治療而使她產生了和筆者接吻的想法。或許這使她重現那個夢，並堅決要停止治療的動因，所有跡象均證實了本人這種看法。遺憾的是，由於受限與「移轉關係」的特性，其效用無法加以確定性的證明。

　　此時，擺在筆者面前有兩條路：一、筆者是否應該先思考一下這個夢對本病例史的某種啟示；二、對筆者的夢的解析理論她有不同的觀點，是否應該先回答她的反對意見。思考再三，本人決定採取前者。

尿床和玩弄小荷包的背後：少女最深的隱祕

——人們所做的任何一個動作都有可能洩露心中的祕密，杜拉的小荷包只不過是女性隱祕處的象徵罷了。她玩耍它，打開，然後又將手指放進去，純粹就是一個她喜歡做的不害臊的一種自慰的戲劇性表現。

精神病患者（neurotics）早年時期的尿床的意義值得深入探討。為了說得更清楚些，在此，筆者僅僅說明一下尿床在杜拉的病例中非比尋常。這種失常不僅是該習慣延續到正常時期過後，而且根據她清晰的回憶，起初它已消失，而6歲以後再次出現，這算是一個較晚的時期。根據筆者的工作經驗，像這種尿床習慣，沒有比其他手淫習慣更可能的原因了，在尿床的病源學中，其重要性尚未得到足夠的重視。據筆者總結的經驗，有尿床習慣的小孩子有時自己非常明白其中的原因，而其所有心理上的後果就由此產生，這如同他們一直記著那種聯繫一樣。現在，當杜拉講述這個夢的時候，筆者便詢問她是否曾在孩提時代有過手淫現象。在此前不久，她也困惑為什麼偏偏病倒的是她，在筆者給出答案之前，她又將此問題推卸到她的父親身上。

這個理由並不是來自她的潛意識，而是來自於她現有的知識。這讓筆者感到十分驚訝，杜拉很清楚自己父親的病因。在家裡人的談話中，她曾聽到該病的名稱。在此之前，她父親患視網膜剝離時，應診的眼科醫師一

定曾暗示眼睛的疾病是因梅毒所引起。而這個敏感而好奇的女孩曾聽到她一個老姑母對她母親講：「你知道他在結婚以前就已得病了。」並且還說了些她聽不懂的事，但這些後來在她的心靈中留下了陰影，並和不好的東西聯繫起來。

她的父親因生活作風而得病，而杜拉認為，她遺傳了父親的病。筆者小心謹慎地對她講，像前面提到過，我認為梅毒患者的子女特別容易患有嚴重的神經性精神病（neuropsychoses）。

她歸罪於父親的想法，在她的潛意識中得到延伸。正是因為這種原因，她有幾天曾模仿她的母親生病時所出現的輕微症狀及特異舉動，從而表現出一些令人難以忍受的行為。後來，她坦白說，她正想起她和母親曾去過的一個地方（筆者不記得她們去的那一年時間），叫做費蘭茲貝德（Franzensbad）。她的母親那時為腹痛和白帶所困擾，在費蘭茲貝德接受治療。

杜拉認為（也許她的想法不錯）這個病是由她父親遺傳來的，因為父親把性病傳給了母親。很自然地，因為哪種是感染的，哪種是遺傳無法分辨。她在得出這種結論時，一定像大多數外行人一樣，把淋病和梅毒兩者的概念弄混了。她不斷把自己與她母親混為一談的行為，使筆者幾乎就要問她是不是也得了性病。後來本人才知道她得的是白帶，至於何時發病，她自己都不清楚。

於是，筆者明白了，她歸罪於父親的背後隱藏了自責的想法。筆者對她說，年輕女子得了白帶，主要和手淫有關。本人還說，只要她承認早年自己有手淫的習慣，她就能明白為什麼患病的偏偏是她而不是別人。可

是，杜拉很乾脆地否認了筆者對她的診斷。

不過，幾天之後，筆者不得不認為她做了一些是她潛意識想要表示懺悔的事情。那天，她在腰上佩戴了一件剛剛流行的新式小荷包，而她從未在其他場合使用過；當她躺在沙發上與筆者談話時，她的手不停地玩弄著它。她打開荷包，一支手指伸進去，然後又關起，反反覆覆多次。筆者在旁邊觀看許久，然後向她解釋玩弄荷包的「象徵性動作」的意義。

「象徵性動作」是筆者對人們情不自禁的、潛意識的，以及不經過思考的或漫不經心的動作所做的一種歸納性指稱。

令人遺憾的是，人們總是斷然否認這些動作的任何意義。並且，如果刨根問底的話，他們會說那是無聊的、意外的和沒有任何意義的動作。但是，如果大家仔細觀察，就發現這些動作事實上就是潛意識的念頭或衝動的表現，因而最具有價值，也是最富足的意識。它們是潛意識狀態下，反應到動作上的具體表現。

意識上可能有兩種態度說明這些象徵性的動作。假如我們能為自己所做的象徵性動作找到明顯的動機，那麼它們的存在自然會承認；反過來，假如我們找不到明顯的相關性，那麼它的出現會被大家完全忽略。杜拉很輕易地找到一個理由：「這樣的小荷包，為什麼我不可以戴？而且現在很流行嘛？」可是，這種理由不足以替代那些具有潛意識動機的可能性。另一方面，我們也無法確切地證明這種動機的存在，以及她佩戴小荷包這一動作有何象徵意義。我們應承認，從整體上看，我們所做的判斷是合理的，而且也很合乎潛意識作用的時機。

杜拉手中的小荷包只不過是代表了女性生殖器罷了。她玩耍它，打

開口袋，然後將手指放進去，單純的是一個她喜歡做的，並不以此為害羞的一種手淫的行為體現。不久以前，曾發生過一個類似有趣的情形。有一位女士，在做分析治療的時候，取出一個小象牙盒子，裝作吃一塊糖狀的想法。她很吃力地想打開它。可是後來，她為了證明盒子是多麼難開，便把盒子交給筆者。本人猜想那盒子一定暗含著特殊意義，儘管它的主人已來這裡看病一年多，可是看到它還是第一次。女士回答說：「無論我到哪裡，我都會隨身帶著這盒子。」筆者笑著說她的話肯定有另一種意義，這時，她才冷靜下來。盒子、小荷包、珠寶盒三者是一樣的，只是女性生殖器的象徵罷了。

在生活中，人們有許許多多此類的象徵，但我們通常都忽略了它們的存在。當筆者決定從事探索人類在這些象徵裡所隱含的象徵時——以觀察他們的言行表現為主，不是以催眠術的強迫性力量——本人覺得這工作比它想像的更為困難。但凡手足健全的人沒有人能保有祕密。如果人的嘴能保持沉默，那他的肢體是不會選擇沉默；其實，他所做出的每一個動作都存在洩露他心中祕密的情況。所以，致力於把心靈深處最隱祕之處讓意識瞭解，這是有可能成功的工作。

杜拉玩耍小荷包的象徵性動作與那個夢發生的時間並不相連。她在開始敘述那個夢的時候，另一個象徵性動作也已存在。當筆者進入她候診的房間時，她手忙腳亂地把正在閱讀的信件藏起來。筆者自然會問她是誰寄來的信，開始她閉口不答，之後，她說是她祖母的來信，與治療毫無關係的東西。信中說要她多寫信。筆者相信，杜拉只是要和本人玩「祕密遊戲」，但此種舉動暗示著她潛意識深處的擔心，害怕將祕密洩露給醫生。

此時，筆者認為杜拉對任何陌生醫師的強烈反感由她的行為即可看出，她唯恐醫生會探知她的病根，或檢查她，發現她有白帶，或是詢問她，然後得知她常常尿床的事實，更重要的是，她有手淫的習慣，唯恐醫生猜到。治療初期，她顯然忽視了醫師的精明，當筆者知道了她的祕密後，她開始輕蔑地說醫生的壞話。

　　很明顯，怪罪於她的父親使她患病，少許的自責，白帶、玩弄小荷包、6歲以後還尿床，以及她不希望醫師揭穿的祕密，這些都暗示著她小時候有手淫的習慣。其實，關於此病例，筆者很早就懷疑到她有手淫的習慣，並早在她告訴筆者她堂妹的胃痛，並不停抱怨，而自己也患類似胃痛之前，本人就已經猜到了。

　　大家瞭解的是手淫者常會胃痛。根據佛利斯（W. Fliess）給筆者的個人意見發現，這種胃痛或許由古柯鹼（cocaine）敷於鼻子上的「胃點」而發作的，並且它可在該點經燒灼後治癒。杜拉曾告訴筆者兩個事實（本人的懷疑得到證實）：一是她自己常為胃痛所困，二是她很肯定她的堂妹是個手淫者。

　　患病的人無法覺察自己的病，這是由於自身情緒的抗拒作用導致的，可是，要看出別人身上的病卻不難。後來，杜拉雖仍一點兒也記不起來，可她對筆者的推測不再否認。即使她說的尿床時期一直延續到「神經性氣喘發作前不久」，對筆者而言，依然具有臨床上的意義。在孩子手淫時，歇斯底里症狀不容易出現，只有在經過一段禁戒時期後才可能發覺；歇斯底里可能變成手淫的替代表現。

　　手淫的欲望可能會持續到另一種比較正常的發洩方式出現才停止。由

於滿足是否可以獲得，決定歇斯底里是否可通過結婚或正常的性關係來治癒。如果結婚後仍不能達到性滿足，譬如陽痿、心理上的障礙，或其他原因，那麼，「利比多」（性本能Libido）又會返回到它原來的道路上，歇斯底里的症狀就會再度出現。

性的另一證據：呼吸困難或神經性氣喘

——杜拉想起那天晚上，父親和母親做愛時的勞累，她擔心那會不會對他有害；另外，她也想到自己是否會因自慰過度而勞累的問題，因為自慰和其他性滿足方式相同，當達到一種性高潮時，會伴隨著輕度的呼吸困難——到最後，呼吸困難加劇，而變為一種症狀。

筆者本打算細緻地說明一下，杜拉戒掉手淫習慣是在什麼時間，並且受到了哪種特殊的影響，但由於本人對她所做的分析工作還夠不透徹，所以只能提供一些零碎的資料。

筆者已知道她尿床的症狀，並且這種症狀一直持續到她開始患呼吸困難的病症前不久。她只記得尿床症狀發作的當時，正是她父親在身體轉好之後首次離家外出。在這微小的記憶中，一定隱藏著某種線索，蘊含著呼吸困難病因。杜拉的象徵性動作及其他症狀使筆者相信，她的寢室緊挨著她父母親的臥室，那麼夜裡她父母親在房裡做愛時，她一定可以偷聽到他們發出的急促呼吸聲音（因為她父親肺部有症狀）。在這種情況下，小孩們便會任意想像他們所聽到的神祕聲音背後的性行為。

的確，由於人與生俱來的性衝動，讓他們很容易聯想到這種事情。幾年前，筆者就認為歇斯底里和焦慮心理症患者的呼吸困難與心悸僅是性交行為的插曲而已；而在許多病例中，如杜拉，她的呼吸困難或神經性氣

喘，已能從這症狀中逐步得出相同的致病原因，即病人曾偷聽到父母間親熱的聲音。在這種情況中，杜拉所激起的衝動，很可能使她對性的欲望從手淫的傾向轉變為一種病態的焦慮。

父親不在家，她盼望她所熱愛的父親回來時，她一定會用氣喘發作的方式來重新感受那種性行為的印象。她對第一次症狀發作時的相關事件記憶猶新，而我們則由此可以推測出她帶有焦慮，並伴隨因焦慮發作而來的一系列想法的由來。

在她一次爬山旅行之後，杜拉非常勞累，那是她第一次病症發作。當時，她確實有點氣喘，這使人聯想到她的父親患有氣喘病，因此既不能爬山，也不能做劇烈運動；同時，她想起那天晚上，父親和母親親熱時的勞累，她擔心那會不會傷害到他；此外，她也想到自己是否會因自慰過度而勞累的問題，因為自慰和其他性滿足方式相同，當達到一種性高潮時，往往會伴有輕度的呼吸困難——到最後，呼吸頻率加劇，因呼吸越來越困難而變為一種症狀。

筆者可以從分析中直接得到部分資料，不過，其他部分資料則需要補充。而且，我們用來證實杜拉自慰的方法表明：屬於單一題目的資料只能散亂地，在各種不同的時期，把重點資料整理起來。

現在，涉及到歇斯底里病源最重要的種種問題出現了：在病源論上，杜拉的病例是否屬於典型？是否是某一種類型的特例？等等。然而，筆者相信只有經由研究和對比更多的病例後，才能得出正確答案。何況，本人首先需要對這些問題的成因做進一步的考察，並對本病例的病源是否應追溯到她童年時期的手淫，暫時不予回答。筆者想先討論應用到心理症部分

的病源論觀念。

　　如此一來，上述問題就能得到證明，包括本人對它的解答。然而，這和直接回答該問題的出發點大不相同。不過，在本病例中只要我們能證實，幼年時期的確有過手淫，並且不存在偶然的現象，也不是與病情無關緊要的就足夠了。

「我為他罪惡式的愛情而受到疾病的懲罰」

——當杜拉被擁抱的時候，她感受到男人身體對她身體的壓力。天下的男人都是輕佻而不可靠的，對杜拉來說，那就意味著天下的男人如同她父親一般。

杜拉承認了她有白帶，她對這個病情的認可將使我們對她病情症狀有個更好的瞭解。她和她母親為同樣的疾病到費蘭茲貝德去就醫，她學會了用「卡它」（catarrh）（卡它意指病菌的感染）來稱呼那種感染。而「卡它」這兩個字再次成為問題的關鍵，使她以為她父親必須對她的病負責，這在咳嗽症狀中表現出來。

起初，杜拉的咳嗽肯定是感染一種輕微的細菌，可是後來，咳嗽卻成為對她父親（他患有肺結核）的模仿。因此，這種行為表現出她對她父親的同情與關心。可是除此以外，還具有一些她當時所沒有意識到的意義：「我是父親的女兒，他使我病倒了，和他一樣我得了『卡它』，就像是他讓我媽媽病倒一樣。我為他具有亂倫意味的愛情而受到了疾病的懲罰。」

現在，我們將把導致杜拉咳嗽和嘶啞症狀的各種不同的因素綜合起來。在最底層，我們必須假定，喉嚨受到一個真實的器官刺激，如同牡蠣養珍珠時所用的那顆砂粒一般。這個刺激不易消除，因它和杜拉身體情欲作用區有關聯。

所以，刺激非常適於顯現性本能的激動狀態。它因可能存在於心理上的種種聯繫而揮之不去，她模仿父親，表示出對父親的同情，以及她自責於自己的「卡它」，這些都是產生執著的原因。同樣的症狀也可說明她與K先生兩人的關係，暗示她未能陪伴他的遺憾，也表示她願成為K先生身邊的伴侶。

當其性本能的一部分欲望再次轉移到她父親身上時，症狀便具有可能是終極的意義：它藉著與K女士的仿同作用，表示自己與父親親熱的意思。當然，這樣的分析是不能完全說明情況的。

不幸的是，一個不完整的分析使我們無法改變追蹤病症所產生多層解釋的時間順序，也不能完全清晰地顯示多重意義之間的銜接與相關性。只有多角度分析才能夠解決這些問題。

現在，筆者必須進一步討論杜拉的性器感染與她的歇斯底里症狀之間的關係。在解釋歇斯底里心理學上的病因之前，筆者常常會聽到有多年經驗的醫師說，患有白帶的歇斯底里病人，每當白帶症狀加劇時，歇斯底里的症狀也會越嚴重，尤其會出現不思飲食和嘔吐現象。

沒有人能說清楚這是什麼原因引起的，但筆者比較贊同婦產科醫生的觀點。根據他們熟知的理論，人的神經系統的功能受到生殖器官疾病的困擾，可產生直接而深遠的器官性影響（不過，這理論在醫療上的試驗容易使人不解）。

目前，我們所具有的知識仍不能排除這種直接器官性的影響力，不過，不管怎麼樣，它在心理上產生的影響還是比較容易辨別的。

婦女對她們生殖器官的尊重與保護，是她們虛榮心的一種表現，她們

認為生殖器的疾病會使自己受到別人的鄙視，甚至厭惡，而且還會傷害到她們的人格。而降低這種自尊又會使她們感到焦慮、敏感和無安全感。陰道黏膜不能正常的分泌被視為是厭惡的來源。

據杜拉回憶，K先生親吻她後，曾有一陣很強烈的厭惡感。我們假定，當杜拉被擁抱時，她感受到男人身體對她身體的壓力。而曾被杜拉辭退的女老師向她說過，天下的男人都是輕佻而不可靠的。對杜拉而言，那就意味著天下的男人如同她父親一般。

她獲知父親得了性病，而且她及她的母親被父親的性病傳染。由此，她也許推想所有的男人都有性病，自然而然地，她對性病的觀念就決定於她個人的一次「經驗」。

在杜拉看來，當看到有厭惡的「流出物」時，就覺得是得了性病。因此，在此我們便獲知她被擁抱時，會產生厭惡感的原因。這種厭惡感必是由於前面我們提到過的，基本的作用機構而引起的感受，而且最後與她自己的白帶有必然的聯繫。

此時，我們已涉及到一個念頭，由於潛意識作用而顯得過於具體化，這個念頭被附著在一個早就存在的器官性結構上。如同纏繞在鐵絲上的花絲帶一樣，因此在另一個場合，我們可以找到其他纏在同樣鐵絲上的不同念頭。只不過，在極少病例中適用這些分析，但具有消除症狀的價值不可隨意誇張。因為筆者對本病例的分析結束太早，以致我們不得不依靠推測與假定來判斷。筆者所用來填補空白的理論，都是運用從其他病例中經過透徹的分析而得來的經驗。

我們對夢的分析，也就是被杜拉帶進睡夢中的解決煩惱之法。它每天

晚上被重複著，好像是不找到解決的方法就誓不甘休似的，而在幾年後，當同樣的處境需要類似的解決方法時，它又出現了。那解決方法也許用話語表現出來：「我一定要離開這裡，因為我在此受到了性的騷擾；我將和父親一同離開，並且我在早晨穿衣服時為了防止被偷襲，要小心謹慎。」這些念頭在夢裡清晰地得到表現，而在白天生活中卻變成意識中的一部分。在它們背後有一系列微小且不顯著的念頭能被區別出來加以分析，因為那是被抑制的不正當願望。

　　這一系列的念頭逐漸向那男人的誘惑靠攏，以報答他前幾年給予她的恩惠和照顧，並且，她唯一的吻是從他那裡得到，而這唯一的吻的回憶也因此活躍起來。不過，據筆者在《夢的解析》中所提出的理論，這些因素並非是一個夢的成因。這種理論認為夢只是一個願望，並不是決心。在多數情形中，自嬰幼兒時期的願望由夢來實現。現在，我們分析這個病例，便可證實這個原理是否正確。

　　這夢事實上隱含早自嬰幼兒時期的材料，雖然表面上那些材料看不出杜拉逃離K先生房子，以及在他的誘惑的決心之間有關聯。那又如何會浮現出她小時尿床及她父親教導孩子要養成良好生活習慣時所帶來的煩惱的回憶？或許我們在這些回憶中，才能找到壓制那些極想屈服於誘惑的念頭，或者說只有這樣才能使決心的優勢不受破壞。那孩子決定與父親走，實際上，她是逃向她父親尋求安慰，因為她害怕追求她的男人；她尋求小時候她父親的保護，以便阻止她對一個陌生人的愛。她父親對杜拉當時的危險處境應該擔負起責任，因為他為了自己的愛情，竟把女兒轉交到陌生男人的手裡。假如她的父親盡全力去拯救女兒而不去愛別的女人，不至於

使她陷入目前的危險境地，那麼情形將要比現在明朗許多。

那屬於嬰幼兒時期的，而現在屬於潛意識的，那種以她父親取代陌生男人的願望是杜拉形成了這個夢的原因。如果以前有過類似於眼前的處境，不同的情況是涉及到男人只有一位，那麼該處境將和夢中的主要處境一樣。對杜拉來說，這樣的處境的確存在。她的父親站在她的床邊，和K先生那天站在她身邊一樣，叫醒她，可能給她一個吻，而K先生也想吻她的。

如此一來，她想逃出房子的決心是無法形成一個夢的，只有在它與嬰幼兒時期願望相關的決心聯繫起來才有了夢。以她的父親取代K先生的願望為自己的夢提供了必要的動機。

筆者記得杜拉對自己的父親與K女士之間關係的強烈念頭。本人的解析說，杜拉那時喚起小時候對她父親的愛，以便繼續壓抑著她對K先生的愛。病人精神生活上的這種急變反應在她的夢中都一一再現。

在《夢的解析》一書中，筆者曾觀察過白天留下來的清醒念頭，在它還未能進入睡眠狀態時，它與形成夢的潛意識的願望之間的關係。在此，本人要引用這些觀察結果，因為對杜拉的夢的解析，證明本人的假設和事實是一致的。

筆者認為，有一類夢的產生全部或主要與白天正常的生活內容息息相關，並且，即使筆者想成為一個真正的「萬能醫師」，但那天如果本人對朋友的健康關懷暫時置之不理，那天晚上，是可以美美睡上一覺。那個關懷本身並不能形成夢，成夢所需的「動機動因」必須由願望提供，願望和關懷同時出現才能形成夢的動因。打個比方說：「一個夢，白天清醒時

的種種想法就好比一個企業家，雖然這個企業家有一個理想，渴望能實現它，如果資本匱乏，他將無所作為，他需要資本家的投資支援。而資本家的投資就變成了夢的心理上的出路；因此，無論白天清醒的念頭是什麼，他是潛意識的願望的表現。

對於夢的微妙，凡是懂得欣賞它的人，將不會對杜拉以她的父親取代那引誘她的男人的願望而感到震驚，這願望不僅召喚起她幼年時的回憶，也喚起那些被壓抑的經歷的重現。

如果杜拉覺得無法屈服於那男人的愛，而最終把那愛壓抑起來的話，那麼她早期的性行為所造成的後果——尿床、白帶和厭惡感便是促成她決定的最有力證明。這種早期的經驗反映了成熟時期所需的行為基礎。其中有兩種行為：一是放棄絲毫不會引起阻力的正常性行為，最終走向性變態；二是一種反向行為，即拒絕正常的性行為，由此而引起心理疾病。在我們目前的情況中，她的體質、頭腦智慧及道德修養使她有後者的傾向。

筆者要進一步強調：對杜拉夢境的解析，讓我們已接觸到具有病源作用的事件，這些事件的某些細節是回憶所無法實現又不能重現的。孩子童年時期尿床的記憶曾被壓抑到潛意識領域。杜拉也對K先生如何騷擾她的細節隻字不提，因為它們存在於她的潛意識中，從未真正進入她的心靈（意識界）。

第一個夢的意義

——杜拉知道性一定涉及到男人將某種點滴狀的液體帶給女人，她明白這就是危險所在，所以她努力防止她的身體被尿溼。……她似乎理解母親的潔癖是對這種汙穢的一種反向行為。

為了更好地重新組合這個夢，筆者先做一些補充說明。在那次森林遭遇後的第二天下午，也就在杜拉發覺她無法鎖她的房門之後，第一個夢便產生了。在那時，她告訴自己：「自己面臨著嚴重的威脅。」因此，她下定決心要跟父親一起離開而不是單獨留下。這個決心之所以形成了夢，是因為在她潛意識中找到一種與此對應的回應。而那回應她的東西就是她潛意識中嬰幼兒時期對父愛的召喚，這種願望可以保護她免受目前的誘惑。

這種召喚的出現一直圍繞她左右，讓她會為了父親而嫉妒K女士，好像她在愛著他。對於那男人的引誘，是屈服還是抵禦的想法之間，她的心理是矛盾的。抵禦這個動機是由名譽感與正義感的動機而來，由女老師灌輸敵視男人的觀念（一種嫉妒與受傷的自尊心）而來，由一種神經質的因素，也就是拒絕性行為的傾向而來。

我們知道她決心投向她父親的念頭深深扎根於潛意識，經過夢的變形而成了一種被實現的願望：在夢裡，父親救她於危難之中。在這個過程中，必須摒棄某種礙事的想法，是她的父親才使她陷入危險中。在這裡，

敵視父親的感覺（意圖報復的欲望）被壓抑著，而這也是形成第二個夢的一種動機起因。

　　根據夢的形成條件，夢所選擇的想像處境應是嬰幼兒時期處境的一種變形再現。假如目前的處境（可能促成夢的那個處境）涉及到嬰幼兒時期的某個處境，那將獲得一個完美的解釋。在本病例中，這一點因材料的偶然重合而表現出來。就像K先生站在她的床邊叫醒她，和她小時候，她父親叫她的情境一樣。於是，在那情境中她潛意識更容易趨向以她的父親替代K先生來象徵化。

　　然而，她的父親常常叫醒她的目的，是為了不讓她尿床。

　　雖然「尿床」在夢中只是被模糊的隱喻或反喻，但它的象徵意義對夢的內容產生了決定性的影響。

　　「尿」和「水」相對的詞語為「火」和「燒」。在他們到達目的地時，她父親擔心會著火，這正好使她決定夢中的危險是著火，而她父親要來解救她。夢中景象的處境就如此巧合，從而形成了「尿」的一種反喻：「著火了。她的父親站在她床邊叫醒她。」假如不是恰好迎合她當時的感受，視父親為解救者的話，她父親的擔心無論如何都不會在夢中佔據如此重要的地位。「他在我們抵達目的地的那一刻，那個危險就早已被她預見！」（事實上，是父親帶她進入危險中的。）

　　「尿」這個字成為她思想中意念的關鍵字眼。

　　「尿」不僅和「尿床」有聯繫，而且也和性誘惑的意念相關聯，夢中性誘惑的意念被壓抑後。杜拉知道性交一定涉及到某種「尿」，在性交過程中，男人將某種點滴狀的液體帶給女人。她明白這就是危險所在，所

以，她努力防止她的身體被尿溼。

　　或許「尿溼」和「點滴」也引發了其他的聯想，也就是對有關厭惡的白帶的聯想。對她而言，在近幾年中，白帶毫無疑問地具有和小時候尿床同樣丟人的意義。從這種意義來講，「尿」具有和「汙穢」同樣的含義。她的生殖器應當保持乾淨，卻被白帶弄髒了，並且她媽媽也是如此。於是，杜拉似乎理解了她的母親，母親的潔癖是對於這種汙穢的一種反向行為。

　　這兩種意念如此聯繫在一起：「母親從父親那得到性的尿溼和汙穢的流出物。」杜拉對母親的嫉妒和她小時候對父親的愛是分不開的。但是目前這種證據尚未被表現出來。假如有一個和由「尿」而產生的兩種聯想具有同樣密切的聯繫，同時可以防止褻瀆的回憶存在的話，那麼這種回憶就能在夢中表現出來。

　　這種回憶由「點滴」的事情發展而來，也涉及到杜拉母親所要的珠寶。看起來珠寶與性的尿溼和汙穢這兩種意念的聯繫純粹是表面上的，最多只屬於語音上的聯想。「點滴」勉強可認為是種雙關語，而「珠寶」可被視為「潔淨」的同義詞，「汙穢」自然就成了反義詞。可實際上，最重要的聯繫存在於這兩者之間。這個回憶源於杜拉對她母親的嫉妒。這種嫉妒雖起源於幼年時期，但持續時間早已超過那個時期。正是藉著這兩個詞的媒介，「珠寶」到「點滴」的意象才可能完整地表現出她對父母親熱，以及她母親的淋病與潔癖觀念所伴隨的意義。

　　但是，在這些元素還未出現在夢裡之前，還會有某些變形，雖然「點滴」和原來的「尿」相近，可是離夢裡的「珠寶」卻相去甚遠。因此，當

這個因素介入夢中的處境時，結果出現：「母親為了她的珠寶想要停下來搶救。」不過，杜拉後來受K先生誘惑的影響使「珠寶」進一步變為「珠寶盒」。K先生從未給過她珠寶，但卻曾給過她一個珠寶盒，珠寶盒表示他對她的愛意和體貼，現在她覺得應該對他心存感激。於是，合成字「珠寶——盒」便成為了夢中的關鍵點。

珠寶盒通常是象徵女性完美無缺的生殖器。當然，另一方面，它本身卻是個無邪的字眼。這種心裡矛盾恰好微妙地體現了杜拉既想暴露又想隱藏在夢背後性的萌動。

於是，「母親的珠寶盒」在夢中出現兩次，並且它取代了涉及杜拉小時候的嫉妒感、點滴（即性的尿溼）、汙穢的流出物，以及她目前因男人的誘惑而引起內心矛盾衝突的事情。「珠寶盒」這個因素相比其他的因素，更是經過濃縮與變身後的結果，而且是兩種相衝突的思想的折衷。至於來源於嬰幼兒時期和目前因素的多重性，可以清楚的從它在夢中的雙重處境得到答案。

夢是對一個新鮮經驗受到了刺激的變形性反應，而且這個經驗一定曾喚起了以前類似的回憶。後者就是發生在K先生辦公室的那一吻事件，當時她感到一陣噁心。但與白帶有關的念頭和目前的誘惑也可以引起夢境。那一段遭遇給夢提供了一項意念：「著火了。」……毫無疑問那一吻使她嗅到菸味：所以她在夢中聞到了菸味，直到她醒來之後，菸味一直存在。

由於疏忽，在這夢的分析中筆者很遺憾留下了一個漏洞，忽略了對杜拉父親所說話的解析。在夢中他說：「我不願我的兩個孩子被毀滅……」（從夢的出現來看，肯定是在說手淫的結果。）夢中出現的語言通常是由

現實生活中耳朵聽到的片斷構成。筆者應早一點兒解析這話的真實來源。解析的結果雖然會使夢的組成結構更為複雜，但同時可以更加深入地對夢進行解析。

我們假設，在L地發生的這個夢境，其內容會與在治療期間重現時一模一樣嗎？似乎不用如此提問。筆者對此的經驗表明，人們常堅決地說他們做的夢有相同的。但事實上，夢的重複，每一次都有許多不相同的細節，也有一些重要的方面是迥然有異。

有一位病人告訴筆者，前天晚上她又做了一個令她感到愉快的夢，夢的內容極其相同，她夢見自己在藍色的大海中游泳，夢見自己高興地離開海浪等。但是經過仔細分析後，卻發現在相同的背景中，仍有一些細節與眾不同，在某種情形下，她甚至夢見自己在冰海中游泳並且被冰山包圍。這病人還做過其他的夢，她並未說這些夢是相同的，不過和以前這個卻很相似，例如有一次她夢見自己全神貫注地看著一片景色（圖片上的，但具有真實感），圖片中赫裡戈蘭（Heligoland）的上鎮和下鎮一同出現；大海中有一艘船，船上有兩個她年輕時認識的朋友等。

由此可見，我們能確定一點——杜拉在治療期間所做的夢，雖然它的內容相同，但卻已經加入和當前有聯繫的新的含義。夢的思想也包含著她對筆者的治療所做的反應，相當於再次重現以前躲避危險的決心。她說，如果她沒記錯的話，在L地她就已經注意到醒來時嗅到的菸味，而在夢裡她一定很聰明地把筆者常說的諺語——「無火不起煙」聯想到一起。

可以肯定的是，最近發生的刺激性事件，也就是她的媽媽把餐廳門鎖起來，使得她哥哥被關在寢室裡，就和她在L地K先生騷擾她的事件互

相聯繫了起來。那時她發現自己無法把她寢室門鎖起來。雖然在前幾次的夢中，她的哥哥並沒出現，但在最近發生的刺激事件之後，「我的兩個孩子」（她哥哥出現）才變成夢中的內容。

第四章

第二個夢

我已經問了上百次：「鑰匙在哪裡？」

——「鑰匙在哪裡？」就等於是「盒子在哪裡？」的相對問題。它們都是和生殖有關的問題。

在第一個夢出現幾個星期後，第二個夢發生了；而在解析第二個夢時，分析工作不得不中斷。因為它不像第一個夢那麼完整，不過它卻證實了一種假設，而這種假設對於瞭解病人的精神狀態是不可或缺的。第二個夢彌補了杜拉記憶上的一段空白，使筆者得以深入瞭解她另一個症狀的根源。

關於夢境，杜拉是這樣講述：「我在一個陌生的城市裡遊蕩。陌生的街道和廣場。而後我回到了我住的房子，而在房間裡我發現了媽媽寄來的一封信。她說因為我的不辭而別，她本不想把爸爸病倒的消息寫信告訴我。『現在他去世了，如果你願意回家，你可以回來。』於是我要先去車站。我重複問了100次：『車站在哪兒？』可得到的回答卻總是：『五分鐘。』後來，我看見前面有一片茂密的樹林，於是便走了進去，在那裡我遇見一個人，問了他同樣的問題。但他給我的回答卻是：『還有兩個半小時。』他想要和我一起走，不過我拒絕了他，獨自前行。我看到前面就是車站，但我無論如何都到達不了那裡。當時，像以往在夢中發現自己寸步難行時一樣，我非常著急。但隨後，我就已經在家裡了。在那一刻，我一

定旅行過，但我卻什麼都不知道。我走進門房，詢問哪裡是我們的寓所。女僕打開門，然後對我說，母親和其他人都已經在墳墓裡了。」

在解析這個夢的過程中，筆者曾遇到了些困難。因為一些意外的情況，導致分析中斷，同時也未完全搞清楚夢的內容，所以筆者無法保證所獲得的結論每一部分都真實可靠。

首先，在這個夢發生時，筆者要說明所分析處理的主題。有一段時間，杜拉常常對自己的一些行為和其背後動機之間的聯繫提出過疑問。其中一個問題是：「在那湖邊遭遇之後幾天裡，為何我會隻字不提？」另一個問題是：「為何我會突然把它告訴父親？」對於K先生的求歡，筆者覺得她感覺受到極深的傷害，對於這一點似乎需要加以解釋，尤其是當筆者知道K先生並不認為自己的求歡僅僅是一種輕薄的引誘。

筆者覺得杜拉告訴她父母那段遭遇，是一種病態的報復心理，在心理扭曲的情況下所採取的行動。對於這種事情，一個正常的女孩子一般都會自己處理。以下筆者便按照自己的記憶順序，把在該夢的分析過程中獲得的資料，講述出來。

她在一個陌生的城市裡遊蕩，看到了陌生的街道和廣場。杜拉向筆者保證，那絕對不是B城，是一個她從未見過的城市。不過夢中的這個城市景象可能源自於她曾看過的某些圖片或照片。這時，她補充道，她在夢中看見一處廣場中的紀念碑，她想起了它的來源。耶誕節時，她收到一本來自於德國一處療養勝地的相冊，相冊內就有這城的風景，而且恰巧是在她做這夢的前一天。她曾拿出相冊給來訪的親戚們觀賞。後來，杜拉把它放在一個收藏圖片的盒子裡，但一時間找不到了。

於是，她便問母親：「盒子在哪裡？」在相冊中，有一張相片是一個廣場的景物，其中就有一個紀念碑。這是一位年輕工程師送給她的禮物，她曾在父親的工廠和他有過一面之緣。那個年輕人為了早日自立而接受了一個來自德國的職位，但他總會利用任何機會讓杜拉感覺到他的存在。

不難想像，等到他的處境好轉的那一天，他會向她求婚。不過，這需要一段時間，需要耐心的等待。

之所以夢到在一個陌生的城裡遊蕩存在著多重原因。其中一個原因和前一天發生的諸多事情中的一件有關。那天，一位年輕的堂兄來杜拉家度假，於是，他讓杜拉帶他到維也納市逛街。可事實上，這件事對杜拉來說一點兒都不重要。只不過，堂兄的拜訪卻讓她想起了自己第一次去德雷斯頓（Dresden）遊玩的事情。

那時，由於她是一個外地人，所以她漫無目的、四處閒逛；當然，她肯定要去參觀當地有名的繪畫沙龍。當時，她的另一位堂兄陪伴她，他熟悉德雷斯頓，因此願意充當嚮導帶她去參觀沙龍。不過，她謝絕了，而後自己獨自前往。她站在吸引她的圖畫之前，曾在拉斐爾的聖母畫像前駐足了兩個小時，如癡如醉。我問她為何對那張圖畫情有獨鍾，她說自己也不太清楚。最後她說：「聖母瑪利亞。」

顯然，這些聯想和夢的形成緊密關聯。其中一部分在夢中被一成不變地重現（「她謝絕了，然後自己一個人前往」及「用了兩個小時」）。同時筆者指出「圖畫」是她夢的關鍵性情節（相冊中和德雷斯頓都遇到了圖畫）。

筆者也想指出「聖母瑪利亞」——可能充當了母親處女的象徵意義。

不過，這夢的開頭部分有一點最明顯，她把自己看做一個年輕的男人。這個年輕人在一個陌生的城市遊蕩，他努力想要到達一個目標，但卻總是難以實現，他需要耐心和等待。如果這個年輕人代表的是那個工程師的話，那麼他所想到達的目標就是去擁有一個女人，也就是杜拉。

但是，夢中出現的是一個車站。即便如此，夢境中出現的問題與實際發生的問題之間的關係，依然讓我們假設用「盒子」代替「車站」，如此一來，盒子與女人：答案即將揭曉。

她重複問了大約100次……這是另一個形成夢的原因，而且和她自身的經歷有關。前一天晚上，她和父親做伴，那時，她父親想喝白蘭地，總是要她遞過來：因為他若不喝點白蘭地，就無法入睡。她問她母親壁櫥的鑰匙在哪裡，但母親正在和別人交談而沒有回答她。直到杜拉失去了耐性喊道：「我都問了100次了，鑰匙在哪裡？」可實際上，她只不過重複問了5次而已。

依筆者看來，「鑰匙在哪裡？」就等同於「盒子在哪裡？」彼此相對的問題。它們都是和生殖器密切有關的問題。

杜拉繼續說，在這次家庭聚會上，有人曾向她父親敬酒並祝願他身體健康，福如東海。這時，她父親疲倦的臉上閃過尷尬的笑容，而她清楚父親此刻的內心。可憐的病夫！誰知道他還能活多久呢？

這讓我們聯想到夢境中信的內容。她的父親去世了，而她早已離家出走。關於這封信，筆者馬上想到杜拉曾寫信給她父親或至少為他們而寫的訣別信。那封信本來是為了威脅她父親，讓他能放棄K女士；或者，即使他不能放棄K女士，也算是對他的報復。此處我們談及她和她父親分別死

去。（夢中提到的「墳墓」。）

　　如果我們假設杜拉報復她父親的幻想，是形成這個夢的主要動機，這是鑽牛角尖嗎？但她對父親的憐憫與這個假設基本一致。根據那個設想，她離家出走漂泊異鄉，而她父親為此憂慮、傷心，渴望她回家。這樣她達到了報復的目的。她很清楚，在她父親不喝點白蘭地就無法入睡時，他真正所需要的是什麼。我們將對杜拉渴望報復的心理，作為此後分析任何夢的念頭所形成的新因素。

　　除此之外，決定那封信的內容一定還有其他的因素。「如果你高興的話」，這句話來自哪裡？對於這個問題，杜拉補充道，在「高興」的後面有一個問號，後來她回憶起這句話引用自K女士的邀請信，邀請她們去湖邊的度假勝地——L地——的信中所涉及。信中的一個問號很奇怪地被放在一個句子的中間，在「如果你高興來的話」的「高興」的後面。

車站、密林的象徵及報復雙親的動機

——夢開始的情形也意味著她對處女膜被突破的幻想，幻想著一個男人尋找著進入女性的入口。但是，目前的孩子「平靜地」在百科全書中閱讀有關性忌諱的東西的可能性不大。

到這裡，我們之間的談話又一次回到湖邊的那一段遭遇，以及和它相關的問題上來。筆者請杜拉具體地描述那一段經歷。一開始，她並沒有說什麼新內容。K先生求歡的話剛說出口就有點嚴重，而當她知道K先生的企圖時，就給了他一記耳光，沒等他說完，轉身逃開了。筆者問她，K先生到底說了些什麼呢？杜拉只記得他說了一句：「你知道的，我從太太那裡什麼都得不到？」

杜拉決定走路回L地，避免和K先生再度相遇。她沿著湖邊往回走，並詢問路人，她還有多遠到住地。聽到回答：「還需要兩個半小時。」於是，她放棄走路回去的想法，又回到船上。不久，船就開走了。

當時，K先生也在船上。他走到她面前請求她的原諒，並且不再談起那件事。但她沒有回應。夢中的樹林和湖畔的樹林一樣，也是發生那一段經歷的地方。可是，做夢的前一天她的確曾在印象派作家的畫展所展出的一幅畫中，看見過相同的景物。在那張畫的背景中有半神半人的少女（Jymphan）。

正是這一點讓筆者從懷疑變為肯定。「車站」（Bahrhof）（鐵軌集中地）和「墓地」（Friedhof）（和平之地）用來象徵女性生殖器就足夠了，不過這同時讓筆者想起一個類似的詞語——「前庭」（Vorhof）——女性生殖器一個特殊部位的解剖學名詞。也許這聽起來有點可笑，可是現在加上「密林」背景中顯現的半神半人的少女，證實確定無疑，因為這少女就是性的象徵！「半神半人的女人」（Nymphae），這是只有醫生知道的小陰唇的名字，外行人不清楚（即使前面那個字Nymph外行人也很少用）。如此一來，那幅畫意有所指，暗示位於「密林」即陰毛深處的小陰唇。

然而，任何人用到「前庭」或「小陰唇」這類字眼，必定是從書中得到此類知識；普通書籍是查不到的，而是從解剖學教科書或從某類百科全書——年輕人瞭解性好奇的尋求中得來的。假如我們這種解析是正確的，那麼夢一開始的情形就意味著她對處女膜被突破的幻想，幻想著男性尋找著進入女性身體的入口。

筆者告訴杜拉，經由對她的夢的解析所得出的結論，想必會帶給她很強烈的觸動，因為她的腦海裡緊接著便浮現出一大段曾經被遺忘的夢境。她平靜地走回房間，拿起一本放在書桌上的大書開始閱讀。這裡有兩個細節需要加以強調：「平靜地」和與書有關聯的「大」字。筆者問那本書的大小是否類似百科全書，她回答，是的。

事實上，現在的孩子不可能「平靜地」閱讀百科全書中有關性忌諱的東西。他們忐忑不安地偷看那種東西，還會常常不安地警惕著有沒有被人發現。而他們的父母親還會很容易發覺他們在看那類書。

不過，改善這種不安的處境，只有夢能夠實現自己願望的特性。杜拉

的父親去世了，其他人也已進入了墳墓，她便可以平靜地、隨心所欲地看她想看的書。這豈不是正好說明，她意欲報復的動機之一，就是反抗她父母對她的禁忌？如果她父親去世了，她就可以肆無忌憚地看她想看的那類書了。

假的盲腸炎和跛足是少女懷孕的幻想

——妊娠幻想背後的假設，在那個遭遇中，發生了與性相關的某事，換句話說，你能從百科全書中看到你所經歷的那些遭遇。

起初，杜拉不願回憶曾看過那類百科全書；後來她承認純粹是為了瞭解，動機單純。當時，她所愛的姑母病重，杜拉已決定到維也納去看望她。就在此時，杜拉的一位叔父來信說，他們不能到維也納去，因為他的孩子，也就是杜拉的堂兄弟，得了盲腸炎，病情危急。於是，杜拉查閱百科全書想瞭解盲腸炎的症狀是什麼。她清楚的記得那時從書中瞭解到有關腹痛的特殊位置。筆者記得她的姑母去世後不久，杜拉曾發作過盲腸炎。不過，那時候筆者還沒有想到這是歇斯底里症狀之一。她告訴筆者，開始幾天她發高燒，這和百科全書中所描述的腹痛相似。雖然冷敷降溫，可她還是疼痛難忍。第二天，伴隨著劇痛，病症又發作（她的身體狀況一直不好，病症發作的情形也沒有規律）。那段時期，她還一直有便祕的症狀。

事實上，如果純粹把這種情況看做是歇斯底里的症狀是不正確的。雖然歇斯底里症狀的確可以引起發燒，不過，如果單一認為這個病症裡的發燒是因歇斯底里而非感冒病毒引發的話，結論就未免太過武斷了。她對自己的夢又做了一點最後的補充，她說：「我特別清楚地看見自己走上樓梯。」這時，筆者幾乎就要放棄原來想法了。

對於杜拉夢的補充，筆者自然需要一個特別的分析。杜拉說她的房間在樓上，所以她自然會走上樓梯。這種說法很容易辯解，因為我們這樣理解：如果她在夢中從陌生的城市到維也納，不透過鐵路的方式，她應該也能夠直接出現在樓上，並可以不用樓梯。後來她又說，得了盲腸炎之後，她一直不能正常走路，總是拖著右腿走。這種情況持續了很長一段時間，因此，她也特別希望可以不用上樓梯。現在，她的腿有時還會跛，不能自然行走。這種不尋常的盲腸炎後遺症，使得她父親請來給她看病的醫生們都十分驚訝。

此處，一種真正的歇斯底里症狀出現在我們眼前。發燒可能由於某種病毒引起，也可能是一種普通感冒。可是，現在我們可以確定，具有心理疾症的病人往往會抓住這生病的機會利用它，從而表現自己。杜拉由此讓自己得了一種在百科全書中看到的病，也就是在潛意識中，她也為了閱讀那書而對自己做的懲罰。不過，她相信，懲罰不是因為她閱讀書中那無邪部分，而一定與閱讀的罪惡感有關；並且在目前這個無邪的背後一定隱藏著那邪惡。或許我們還能發現，她在那個情況中所閱讀的內容的性質。

既然該失常的後遺症——跛腿，和盲腸炎無關，那麼這種仿效盲腸炎症狀的企圖又有什麼意義呢？很明顯，它一定隱祕地契合著一種與性有關的意義；而且如果經過解析，可能對我們所要探討的真相有所幫助。筆者一直在努力尋找解密的方法。在夢中提到了時間的長短；而在生活中，時間絕不是一種毫無意義的因素。於是筆者問杜拉盲腸炎發生的時間，是在湖邊那段遭遇之前還是之後？她的回答頓時讓我們所面臨的所有困難迎刃而解：「9個月之後。」這個時間的長度真特殊。她所感受的盲腸炎（腹

痛）只是給她一種合理的藉口，以變形的方式實現她妊娠的幻想。不可否認，她曾閱讀過懷孕和妊娠的內容。不過，這些和她的跛腳有什麼關係呢？現在筆者進行一個假設。跛腳和扭傷腳時走路的情形一樣。因此那是她不小心的「失足」。如果，發生湖邊那段遭遇過後9個月，她真的生了小孩，則「失足」是真的。不過，還需補充說明一下。筆者相信，這類的症狀只能從嬰幼兒期的原型發源而來。到目前為止，所有的經驗都證明，較晚期經歷的印象，導致發病的可能性微乎其微。最初，筆者並不奢望杜拉能提供給本人所需要的童年資料，筆者也不敢肯定自己的看法是正確的。然而，杜拉提供給本人的資料馬上得到證實。她說，小時候她真的曾扭傷了跛腳的那隻：在她下樓梯時，不小心失足滑倒。那隻腳——正是現在她跛的那隻相同的腳——腫了起來，必須進行包紮，並使她臥床休息了幾個星期。這事發生在她8歲時，也就是神經性氣喘發作前不久。

因此，筆者為她描繪了這個幻想的整個過程：「假如在湖邊那段遭遇9個月後，你真的懷孕了，而這是你不慎『失足』的結果，那麼在你的潛意識中，對發生此類事情必定懊悔不已。換言之，在你的潛意識中已經修正了這種想法，妊娠幻想暗含了一種假設，在那個遭遇中，發生了與性相關的事情，或者說，在百科全書中，你能看到在那個遭遇中你所經歷的事情。所以，對K先生的愛，你並未因那個遭遇而中止，而一直持續至今。只是你沒有意識到罷了。」對此，杜拉默認了。

第二個夢的解析至此已耗費了兩個小時。當筆者對第二次分析的結果感到滿意時，杜拉用一種輕鬆的語氣說：「噢！事情水落石出了嗎？」這句話使我盼望能再次得到新線索。

真相大白：杜拉突然中止了治療

——如果他不在乎杜拉最初的拒絕，並且以鍥而不捨的熱情繼續向她求愛的話，其結果或許是杜拉因為對他的愛克服了由內心的自尊而引起的衝突，進而獲得最終的成功。

在第三次分析時，杜拉對筆者說：「今天是我最後一次來這裡，你知道嗎？」「我怎麼會知道？你從未告訴過我。」「是的，我本來決定堅持治療直到新年，但現在我不想再等了。」「你有權利選擇在任何時候停止治療。不過，今天我們還需將工作繼續進行。你是什麼時候做的決定？」「我想，大約是兩個星期前。」「真像是女僕或女家庭教師——兩星期的警告。」「當我到L地去訪問的時候，那裡有一位女老師確實曾警告我小心和K家相處。」「真的？你並未告訴過我那件事。那就現在告訴我吧。」

「好吧，那時，K家有一個年輕的女家庭教師；而她對K先生的行為非常奇怪。她從未向他說早安，從不回答他任何問題，他所要的東西也從不幫忙傳遞，一句話，看他如同空氣一般。因此，K先生也對她不客氣。在湖邊那段遭遇發生之前的一兩天，女家庭教師把我叫到一邊，說有話對我講。她說，K女士有一次外出幾個星期，K先生曾向她『進攻』，他粗暴地向她求愛，並哀求她同意，說他從太太那裡什麼也得不到等等。」

「噢！他後來對你求愛而被你打耳光時所說同樣的話。」「是的，她同意了他要求，可是，沒過多久K先生就不再關心她，從那時起，她便開始恨他。」「於是，這位女老師提醒你注意？」

「不，她僅僅暗示。她告訴我說，當她發覺自己被拋棄時，就把真相告訴了自己父母。他們是名門望族，在德國某地很有地位。她的父母叫她馬上離開那個地方；而她卻沒有離開，她的父母便寫信給她說，不再提供給她任何幫助，於是她便再沒返回家裡。」

「她為什麼不離開？」「她說她要等待K先生回心轉意，再多待一些日子。她說，她的忍耐已經到了極限，如果仍舊沒希望的話，她將提出警告，然後離開。」

「那麼結果如何呢？」「我只知道她還是離開了。」「她沒有生孩子嗎？」「沒生。」

有一個線索在這段細節中被發現。於是，筆者對杜拉說：「現在我知道你為什麼以耳光回敬K先生的求愛了。那並不是因為你惱怒他的企圖，而是因為嫉妒與報復心理在搞鬼。當那位女老師告訴你她的經歷時，你仍然能故作鎮靜地拋開不愉快的感受。」

「但是當K先生說道：『我從太太那裡什麼也得不到』時，你便按捺不住了，因為同樣的話，他對女教師也說過。你心裡想，他怎麼能待我像一個家庭教師，一個女僕？』受傷的自尊心加上嫉妒感及其他種種理由——那已足夠了。」

「為了證明女老師的故事給你很深的刺激，我舉幾個例子證明，在你的夢中和舉動中曾把自己和她的幾個情況進行比較。你把所發生的事告訴

你的父母（這事實我們目前還沒有解決），就如同那位女老師寫信告訴她的父母親。你給我一個兩星期前的警告，就如同女老師警告K家。夢中你收到的信與那位女老師收到她父母親給她的警告信一樣。」

「那為什麼我沒有馬上告訴我的母親？」

「你忍耐了多長時間？」

「那段遭遇在6月1日；大約在7月14日，我告訴了我媽媽。」

「那麼，這又是兩個星期——這是從事服務工作者特定的時間範圍，現在我能回答你的問題。你很瞭解那可憐的女孩子。她不想馬上離開，是因為她還抱有希望，期待她心中的K先生回心轉意。因此，你的心裡也和她心裡存著一樣的希望與期待。你等了那麼長的時間就是為了看看他是否會重複他求愛的企圖；如果他能繼續，你將認為他是真心求愛，而並不是存心想戲弄你，就像戲弄那位女老師一樣。」

「我離開他幾天之後，他寄給我一張風景卡片。」

「不過從那以後，他就沒有其他表示了，於是你便對他進行了報復。我能想像那時你還存留一種補救的意圖，希望你所採用的報復行為可以促使他來到你的住處。」「事實上，開始他確實有這想法。」杜拉打斷筆者的話說。「那麼，你對他的期望便得到滿足了。」這時，讓筆者意外的事，她竟然點頭贊同了本人的分析。「也許他答應做的某種改變，以符合你的要求。」

「什麼改變？」

「實際上，你和K先生的關係讓我開始懷疑，比你到目前為止所承認的還要嚴重。K家夫婦不是常常提到離婚嗎？」

「是的，確實如此。起初為了孩子的緣故，K太太不願意。但現在卻是她同意了，而他卻不肯。」

「你有沒有想過，他與太太離婚是為了要和你結婚嗎？而現在他離婚不成是因為沒有找到適合他的人？兩年前你真的還很小。但你告訴我說，你母親17歲就訂婚，而等了兩年後才與你父親結婚。你常常以母親的愛情作為樣子。因此，你也要等他，並且你認為他在等你長大成人後，就會向你求婚。我猜，這是你心目中對自己的前途所設想的最重大計畫。」

「其實你心裡還是不敢肯定K先生一定有這種想法；你告訴我，他有這種想法的事也僅僅是你自己的猜測。他在L地的行為和目前這種看法也不衝突。畢竟，你沒有讓他把話說完，也不清楚他究竟想對你表白什麼。這件事還是有可能性的。你的父親與K女士的關係——也許就因為這個原因，而使你得到一種鼓舞——這使K女士答應離婚的要求變為可能；而你也可以使父親答應任何要求。」

「假如，在L地的那段遭遇發生的情形不是那樣的話，上述情況將是唯一可能發展的結果。所以我想，那就是你那麼強烈地後悔實際情形發生的原因了，並且在幻想中以盲腸炎的症狀形式出現。因此，當你對K先生的控訴得到的結果，並不是他堅持向你求愛，而是以否認和指責回覆時，這一定是你希望破滅後的痛苦。

「你會同意我的分析，你被指責湖邊的那段遭遇是你一人的幻想，這讓你很生氣。現在我知道，事實上你真的相信K先生，相信他對你的求愛是認真的，這也正是你不願意想起，並且除非你嫁給他，否則他不會放棄。」

出乎我意外的是，杜拉沒有任何辯駁地聆聽筆者的話，她似乎被感動了；她不僅很溫和地與筆者道別，而且還送上了祝福，此後便再也沒來過。後來他的父親來過兩三次，向筆者許諾說她會再來的，並且說繼續治療也是她個人意願。不過，杜拉的父親從來不會完全坦誠相見的。他向筆者提出了條件，如果本人能「說服」杜拉，讓其放棄關於他和K女士的關係不僅僅是友誼層面的想法，他便會支持這個治療。當他後來清楚那不是筆者的目標時，他非常失望的消失了。

筆者知道杜拉不會再來了。她突然中止治療讓本人非常意外，就在治療成功的可能性最高的時候，她卻使這希望落空——很明顯是她的報復舉動。她達到自我傷害的目的也因這舉動而實現。畢竟，沒有人會像筆者這樣祈求與最邪惡的附於人身上的魔鬼打交道，並透過對它們的分析與之搏鬥，並且還一心期待倖免受傷。

如果筆者自己也融入進去，並對她繼續治療的重要性進行有意識誇大，而且對她表現出一種個人興趣的話，那麼即使筆者是她的醫生，也將等於變成她所期望愛情的替身，也許這樣會使那女孩子繼續接受本人治療的可能性會更大。

筆者不知道如此做是否明智。既然在任何病例中，抗拒治療的一部分原因一直沒有合理的解釋，所以本人也會避免參與進去，並且也在實際治療中，對自己一向所實行的比較保守的心理學藝術比較滿意。儘管作為一名醫生，其最高追求是懸壺濟世，可是本人一直恪守醫生意志的影響力應用的程度在某種限制內；因此，筆者對病人的意志和想法表示尊重。

如果K先生知道，杜拉給他那一個耳光絕不是意味著對他的拒絕，而

是顯示女孩內心引發起的嫉妒，她的強烈情感砝碼仍然傾向於他，筆者不知道他是否會表現得好一點兒。如果他對杜拉最初的拒絕視而不見，仍然以鍥而不捨的熱情繼續追求她的話，其結果或許是杜拉對他的愛情克服了由內心的嫉妒，衝破最終衝突，進而獲得最終的成功。不過，另一方面，筆者想她可能也會一門心思只求滿足報復他的欲望。在內心衝突之中，她的決心會傾向哪邊是無法推測的，我們很難斷定她是傾向於個性張揚，還是傾向於自我壓抑。因為一種實在的性欲需要不能真正滿足，是心理疾病最基本的致病原因。心理疾病患者被真實與幻想間的衝突所左右。如果他們在真實中能獲得幻想中最渴望的，則他們將逃出心理疾病的陰影；而另一方面，他們也最容易躲避到那最無法實現的幻想中，不必再恐懼它們在真實中是否實現。不過，在為現實因素所激起的猛烈情緒爆發一陣後，潛抑作用所形成的堡壘可能會倒塌，換句話說，現實說服心理是大有可能的。然而，我們並沒有通用的方法，可以推斷哪種人或哪樣的情形能為這種因素所主宰。

第五章

後記

本書只是一個夢的解析的片斷（1）

讀者可能發現，這個夢比想像的還要不完整。因此，筆者必須為省略的部分（省略絕對不是偶然的）解釋一下。

本分析的一部分結果已經被省略，因為當分析工作突然中止時，這部分結果要麼尚未得到充足的證據加以證實，要麼尚需更深層次地研究。可是，筆者已盡了最大的努力指出某些特殊解答可能存在的蛛絲馬跡。在本論文中，筆者完全忽略了技術問題，不過，通過該技術的方法，潛意識思想中珍貴的線索，卻可從病人所聯想到的種種粗糙原料中提煉出來。但這對讀者卻是不公平的，它使讀者找不到檢查筆者在分析此病例時的步驟的正確性。並且筆者發現，同步處理分析的技術和歇斯底里的內在結構，會與實際脫軌，這樣的工作本人是無法完成。如果能完成的話，其結果會令人咋舌且無法閱讀。一個完全獨立的說明是分析的技術根本，這種說明必須由眾多不同的病例中選出的無數例子，還要考慮從個別病例獲得的結論，而在本論文中的心理學假設，作為筆者描述精神現象的理論基礎，本人也不會進行證明。因為簡單而不精準的嘗試沒有任何意義，深入的探索本身足已成書。所以，在此筆者只能夠保證，在研究心理症時，任何心理學體系都不曾涉及。因為在本人的分析過程中，一直在對自己的看法進行調整，直到它們可以對病人的症狀有更多的解釋才肯甘休。此外，筆者絕對不會為自己的任意猜測而沾沾自喜，筆者的理論所依據的資料都是經過

廣泛與細緻觀察和大量的蒐集而得到的。

本人對潛意識問題所持的堅決態度可能易於引起反感，因為筆者處理潛意識念頭、潛意識想法及潛意識情緒趨向的態度，似乎認為它們是本人手中的寶比意識層面更有價值。然而，無論哲學家如何誠懇地勸告，筆者深信無論是誰，如果有機會觀察到相同的現象，並採用了相同的方法，就必然會得出和本人相同的結論。

某些同事認為筆者所做的關於歇斯底里的理論完全是屬於心理學範疇的，為此他們聲稱，這種理論無法解決病理學範疇的問題。不可否認，他們將會從本書中發覺，他們所持的反對看法是因為忽視了治療技術的特徵，把本人所使用的方法錯誤地作為理論本身。治療技術本身確實是屬於心理學範圍的；可是它的理論表明，心理疾病的確存在著器官性的原因——雖然它尚未探索其病理與解剖學上的變化，並且以器官功能的觀念來替代化學上變化因素，但目前我們還無法瞭解這種理論。也許我們會承認性的功能具有器官性的因素，而筆者認為性的功能就是歇斯底里，也就是一般的心理疾病的根本屬性。同時筆者懷疑，是否存在一種有關性生活的理論，從而能夠避免假設某種具有興奮作用的「性物質」的存在。很顯然，我們在臨床醫學上所遇到的病例中，與真正的心理疾病存在最相似的現象，應該是那些由慢性毒物所引起的中毒或禁戒。

不過，在本論文中本人還沒有詳細討論，有關「身體的配合因素」——性錯亂的童年雛形，性欲產生區，以及有關我們最初就具有的雙性傾向。筆者只是想引起大家注意，在所進行的分析治療中所涉及到的器官性因素。僅僅一個病例的分析對所能做到的工作非常有限。此外，筆者

有充分的解釋避免對這些因素作草率的討論。本人將找機會對那些豐富的分析研究結果作更進一步的說明。

雖然本論文尚不夠完整就呈現於讀者面前，但還是想說明筆者的兩個希望：一是希望能夠展現一種如何成功發掘精神生活中被潛抑與掩蓋部分的方法，為《夢的解析》一書做補充。（在分析本論文兩個夢的過程中，那本書中所涉及的夢的解析技術不知不覺就被用上了。）二是希望激發人們對目前科學中仍然完全被忽視的一些行為的興趣，這些行為只有經過特殊分析方法才能被人們所瞭解。筆者相信，尚未有人對歇斯底里心理問題的複雜性做過正確的理解，如完全不相同的心理趨勢的毗鄰，互相矛盾的意念所表現出的彼此依賴，以及潛抑作用和替代作用等。加內特（Janet）強調「執著」是形成病症的原因，大家都清楚這僅是一種蒼白無力的粗略說明。另外，我們也不能判斷伴隨某些激情意念無法進入意識狀態時，那些激情相互之間肯定存在不同的作用、不同的動向，並且它們表現的狀態也定會和那些被認為「正常」的激情，那些伴隨能夠為我們意識到的意念所體現的激情不同。一旦清楚這一點，瞭解將前者轉變成後者，找到解除心理症狀的治療方法，將會輕而易舉。

筆者想更進一步說明，性並非突然地出現在某一場合，並介入到歇斯底里的形成過程中，而是它提供了每一症狀得以產生的動力。病症就是「病人的性活動」。當然，對於如此普遍的定理僅僅用一個病例進行證明自然無法服眾，所以筆者在之後的分析治療過程中，反反覆覆、一而再、再而三地發現，性是一把開啟心理疾病難題之鎖的鑰匙。藐視這種鑰匙的人要想開啟這把鎖，要比登天還難。筆者原本期望能等到合理的理由企圖

駁倒該定理，或限制其適用範圍的研究者來發問。可是令人遺憾的是，到目前為止，本人所聽到的反對意見都是基於個人的偏見或疑惑。

在本書中僅發表了一個病例及其治療的片斷，並未想過將精神分析治療的價值展現出來。因為治療期的時間太短（不足三個月），而該病例一些先天性的因素，也讓病人病情的好轉受到阻礙，因此與其他病例不可相提並論，病人和其親屬會承認好轉，並且好轉的程度基本達到正常狀態。這種令人滿意的結果，由症狀的完全依賴性引起的內在衝突，並在維持的情況中可以得到。在此病例中，病人症狀的恢復和其精神狀況與病態轉入常態的程度成正比。當症狀被外在的動機所利用時，如同杜拉前兩年發生的事情一樣，那麼病況的進展將會截然不同。令人奇怪的是，病人的情況雖然在分析之下已有很大好轉，但卻未曾有顯著的改變，這種狀況的確容易讓人產生誤解；可是，事實上情形還很樂觀。儘管症狀沒有在治療過程中消失，可是不久之後，當病人和醫生的關係緩和時，它們便消失的無影無蹤。由此可見，痊癒或好轉或拖延，醫生本人要承擔重大的責任。

為了說得更加清晰準確，筆者有必要重新複述一下。在精神分析治療過程中，能夠阻止新症狀的形成。可是，創造心理症的力量卻依然存在；它們創造了一種不一樣的精神結構，其中多數是潛意識的，我們可以將這種情況稱為「轉移關係」。那麼，「轉移關係」又是什麼？它們是在分析過程中，被喚起而進入意識的幻想或心理意識的新生或再現，其特徵是：它們會以醫生本人取代以前的某人。也就是喚醒了一部心理經驗的整個系列，不僅是屬於過去的，而且目前的醫生也適用。

有些轉移關係的內容，其模式都一樣，只是替代的對象不同。它們只

不過是新的翻版或新的複製，其隱喻始終保持不變。而其他的轉移關係構造可能會比較複雜：它們的內容會經過「異化作用」的潤色，並且巧妙利用對醫生本人或環境的某些真實特性，甚至意識都可以接納它們。這樣一來，它們變成了修訂後的再版，而非新的翻版。

如果我們對分析技術的理論進行深入研究，就會發現轉移關係是一種無法避免的必要條件。實際經驗告訴我們，遇到它在所難免，並且這種後來產生的病情也必然要與先前的所有症狀一樣需要加以分析治療。但是，這目前為止整個治療工作中最棘手的部分。學會如何去解夢，如何提煉出病人聯想中潛意識的想法和記憶，以及如何練習解析的藝術並不難，因為對於這些，病人總會自覺的提供所需資料。可是，對於病症中轉移關係的發現卻提供不了任何幫助，它只能憑最細微的線索去摸索；同時，還得避免做任何魯莽的主觀判斷。轉移關係是必然存在的，因為病人在無形中利用它建立起抵抗治療的所有阻礙。而且只有解除了轉移關係後，病人才會相信分析所提供的解釋價值。

也許有些人認為轉移關係對精神分析是一種不利因素，認為精神分析本身就已經很麻煩了，而轉移關係又會產生新的精神病態，白白地增加醫生的負擔。此外，醫生甚至會因為轉移關係的存在而認定病人會因分析治療被傷害。以上兩種想法都是不正確的。醫生並未因轉移關係而加重負擔，對醫生來說，不管他必須克服的是病人和他自己，或是病人和其他人之間的特別傾向，兩者之間沒有本質區別。而且分析治療也不會因為轉移關係而給病人增加新的負擔。心理症的治療可以不用精神分析方法，歇斯底里也可以看成是因醫生治癒而不是因分析的方法，並且在病人和用

催眠暗示方法消除其症狀的醫生之間，有一種盲目的依賴性，這些都是事實；不過，所有這些事實的科學性解釋必然都會從病人指向其醫生的「轉移關係」中發現。轉移關係並非由精神分析治療過程所產生，它只是顯現那種事實存在的轉移關係而已，就如同顯現其他許多隱藏的精神因素一樣。唯一的區別在於，病人一般是只能靠溫情與友好的轉移關係來幫助他恢復。如果沒有成功，他就會覺得受到了醫生的「厭惡」，因此會過早地翻臉離開，從此不再認同醫生的治療。另一方面，在精神分析中，既然病人和醫生的動機進展各不相同，病人的所有傾向，甚至心懷敵意，都會被喚起；於是，一旦進入意識後，分析的目的就完成了，而轉移關係就被完全破壞。轉移關係似乎註定是阻礙精神分析的最大贏家，然而，如果它的存在能被病人覺察並被病人瞭解的話，它就會成為精神分析最有力的「助手」。

本書只是一個夢的解析的片斷（2）

討論到轉移關係，是本人必須要做的工作。因為只有討論才能說清筆者對杜拉分析的特徵。該分析的最大優點是它與眾不同的清晰性使它很適合作為一篇創造性的論文；然而，它的缺點也很明顯，並導致它過早地結束。筆者沒能有效地適時控制住轉移關係，在治療過程中，杜拉把一部分病態的材料讓本人隨意處置，筆者忽略了轉移關係產生的第一跡象，這種轉移關係和另一部分病態的材料相互聯繫，而本人卻忽視了這一部分。很顯然，最初筆者就在她的想像中以她父親的身份出現——雖然從年齡看來，這幾乎不太可能。她甚至常常比較筆者和她父親，正因如此，她才一直急於要證實筆者對她是否很直爽，因為她父親「總是喜歡含蓄和拐彎抹角」。然而，當第一個夢出現時——在夢中她對自己做出警告，最好停止接受筆者的治療，就像她之前離開K先生的情況一樣——筆者自己也應該注意到這個警告。應該對她說：「現在你從K先生那裡將轉移關係遷移到我身上來了。難道你注意到了有東西讓你懷疑我懷有K先生那種險惡的企圖（不管是公開的還是含蓄的）？或者我有什麼東西讓你感動，或者我有什麼東西帶給你幻想，就像以前你與K先生發生的事一樣？」那樣的話，她的注意力必然會轉向某些筆者和K先生之間相互聯繫的細節，或是某些筆者個人或所處環境的細節，在它們背後隱藏有類似的並且十分重要的、涉及K先生相關的東西。在這轉移關係消除之後，分析就能更深入在新的

回憶中進行深層次的回憶，也許就可以觸及到事情的真相。遺憾的是，第一個警告卻被筆者忽視了，本人覺得既然沒有深入地轉移關係發展，而且分析的材料沒能派上用場，那麼本人還有許多時間可供利用。如此一來，筆者又疏忽了轉移關係的進行，因為本人使杜拉想起K先生的影響力量搗亂的結果，於是便嘗到了杜拉的報復，就像她要報復他一般，所以她拋棄了筆者，就像她認為自己已被他欺騙並拋棄她了一般。因此，在治療過程中，她「採用」了她的回憶與幻想中基本的一部分，而不是將回憶與幻想重現。筆者給她的影響力量是什麼？難以知曉。不過，筆者懷疑它與錢是否相關或嫉妒某位在痊癒後，與筆者的家庭保持聯繫的病人有關。假若轉移關係能在分析的早期發生，分析的進展雖然會受到阻礙而模糊，但是它的存在卻可以阻止突然而難以克服的抗拒力量的出現。

在杜拉的第二個夢中，曾出現過幾個清晰的轉移關係的暗示。在她向筆者敘述夢的時候，本人並沒有意識到（直到兩天以後）。後來，我們只有「兩個小時」的治療時間了。這也是她站在「聖母瑪利亞」畫像前欣賞的時間，而且（把兩個半小時改為兩小時）也是她在湖邊散步時，所剩下路程的時間。夢中的努力與等待，和那位遠在德國的年輕人有關，其源頭則和她等待K先生迎娶她密切相連。在幾天前所顯示的轉移關係中，這種情況已表現出來。杜拉認為治療的時間太長了，她失去耐性再等下去。然而，在剛開始治療的前幾週，當我告訴她，完全恢復也許需要一年時，她一點兒也不在乎。她在夢中拒絕陪伴，而寧願選擇自己一個人走，其來源也是從她訪問德勒斯登的畫展有關，而在那一天筆者自己也遭到她同樣的拒絕。那意味著什麼？毫無疑問，「男人這麼讓人討厭，我寧願不結婚。

這就是我的報復。」

　　殘酷的衝動和報復的念頭在病人日常生活中已成為維持她症狀的力量，如果在治療過程中，當醫生疲於追溯它們的來源並解除它們時，它們就已經轉移到病人身上的話，那麼治療一定對病人毫無作用。病人對醫生的報復還有什麼比證明醫生對他愛莫能助及無可奈何更有效的？不過，本人不想自我貶低對杜拉治療的價值，哪怕是片面的。

　　直到本病例停止治療1年零3個月後，也是在本論文的草稿完成後，筆者才得到病人情況及治療效果的消息。那是一個非同尋常的日子，在4月1日（時間對她來說都是有隱含意義的）杜拉再度來看筆者，來結束她的故事，並請求再一次的幫助；不過，筆者從她臉上的表情看出，她並不熱衷。停止治療後約有4、5個星期，她一直是「一團糟」，而後，發病的次數減少了，她的精神也好轉了，這是一個很大的進步。那年的5月，K家的一個孩子去世了。她利用他們喪子的機會去慰問他們，而他們對她的接待好像三年來彼此從未發生過任何事一般。她報復了他們，她得到補償，她自圓其說，自我陶醉。她對K女士說：「我知道你和我父親有一段情。」K女士並不否認。從K先生那裡她也瞭解到在湖邊那段遭遇中，他的確有不良企圖，而且她把這消息告訴了她父親。從那以後，她和K家再也沒有聯繫了。

　　自此以後，她的生活過得很正常，直到10月中旬，她失語症又發作了，並且持續了1個半月。對此，筆者感到很吃驚，問她有沒有受到什麼刺激，她告訴筆者說，發作伴隨著一種劇烈的害怕而來，她看見有人被車碾過，後來筆者瞭解到發生意外的正是K先生。有一天，她在街上看見他；

他們在一處交通繁忙的地方相遇；他站在她面前呆呆地看著她，就在他不注意的時候，他被車撞倒了。不過，她相信他沒有受到什麼傷害。另外，假如聽到有人提及她父親和K女士的關係，她還是稍稍有些激動，不過除此之外，她沒有其他的任何反應。她全身心投入到自己的工作中，連結婚的念頭也沒有。

她接著說，她來找筆者是因為右側的面部神經痛，目前她正為此日夜受苦。「多久了？」「正好兩個星期。」筆者禁不住一笑：因為本人能向她證明，正好在兩個星期之前，在報上看到了有關筆者的一則消息（這在1902年）。她承認了這個事實。所以，她所說的面部神經痛，實際就是一種自我懲罰，她給K先生一記耳光曾後悔，也後悔把報復的情緒轉移到筆者身上。筆者不知道她需要如何的幫助，不過筆者答應原諒她上次不給本人徹底治癒她的病的機會。

在那次訪問之後，時光又匆匆過去了幾年。女孩也已經結婚了，而且，她真的嫁給了在分析第二個夢時被她聯想到的那個年輕人——年輕的德國工程師。如果說第一個夢表示她已離開所愛的男人而轉向父親，換句話說，從健康的生活逃入病中；那麼第二個夢則表明，她正要逃離父親而重回到現實世界的懷抱中。

歇斯底里幻想及其與雙性對偶的關係

　　大家都知道妄想症患者的幻想造成了他的偉大或他的痛苦，並且幾乎以一種強制性的方式一成不變地重複出現。我們也見到過許多性變態者滿足自己性欲的奇怪方式：要麼以想像，要麼付諸實際行動。然而，可能某些讀者還不是很清楚：其實類似的精神表現常常存在於所有的心理疾病中，尤其是歇斯底里症，而所謂的歇斯底里幻想和心理疾病的成因之間有著重要的聯繫。

　　所謂的青春期白日夢，就是這類幻想常見的來源和雛形。在一些有關白日夢的文章中，在某種程度上注意到了該問題，但顯然是不夠的。白日夢在兩性之中發生的頻率或許相等，在少女和婦人中，它們總帶有戀愛的色彩；而在男人中，則不盡相同。它們或帶有戀愛的，或帶有野心的色彩。但是，戀愛這一因素在男人的白日夢中所具有的重要性不可低估；在仔細審察之下，男人的白日夢顯示：他所有的英雄式冒險，所有成就的目的都是為了戰勝他的情敵，博得美人的青睞。這些幻想是願望的實現，是挫折和欲望的產物；它們之所以被稱作白日夢，因為它們是解開夜夢的鑰匙，夜夢的核心就是這些白日夢，只不過相對更複雜與多變，而且被心靈的意識系統所扭曲。

　　這些白日夢被刻意地培育和珍惜，並且常常羞於示人，就好像它們是深藏於內心的隱私。不過，要識別一個白日夢者並不難，從他突然漫不經

心地微笑，他自言自語的方式，或是在他幻想的高潮時，突然加快腳步等種種跡象都可以看出來。迄今為止，筆者審察的所有歇斯底里症經證實都是因這類不由自主的白日夢在現實中破滅而發作的。現在，我們的觀察結果已不容置疑，這類幻想可以是潛意識的，也可以是意識的，並且一旦它們成為潛意識後，它們就有可能變成病態的成因，換句話說，它們可能會以症狀或發病的形式表現出來。在理想的情況下，意識可以捕捉到這樣的潛意識的幻想：當筆者讓一位病人注意到她的幻想之後，她告訴筆者，有一次她在街上突然哭起來，她隨即考慮為何想哭，後來她意識到原來那是一個幻想。她幻想的內容是：城裡一位著名的鋼琴家（他並不認識她）和她發生了很親密的關係，她還為他生了一個孩子（事實上她沒有孩子），可是後來他卻拋棄了她們母子，於是，母子倆陷入困境。也就在她的羅曼史發展到這裡的時候，她情不自禁的哭了起來。

潛意識幻想既可能屬於潛意識，又可能形成於潛意識；只不過更普遍的是，它們可能曾經一度是意識層面的幻想，也就是白日夢，並且已經被有目的地遺忘或被潛抑作用驅入潛意識中。它們的內容或保留不變，或已被忘記，因此目前屬於潛意識的幻想是衍生自以前屬於意識的幻想。潛意識幻想和人的性生活有著非常密切的聯繫，而事實上它和人在手淫時所有的性幻想相同。手淫包含兩部分內容：一面是幻想的出現，而另一面是手的動作以便在幻想的高潮中得到自慰性滿足。這兩部分必須要銜接起來。本來那種動作單純是一種自慰的過程，其目的在於從身體的某一特殊的性覺區獲得快樂。不過後來，這種動作逐漸和被所愛的願望結合，從而變成幻想的部分實現。即使他後來厭惡這種以手淫動作來配合幻想的性滿足方

式，但這種幻想也不會消失，只不過是由先前屬於意識的幻想變成潛意識的幻想而已。也許在沒有其他性滿足的方式替代的情況下，他仍然禁慾而無法使他的「利比多」獲得釋放，說的通俗些就是讓他的性衝動昇華到更高境界。上述就是潛意識的幻想再度被啟動的情況，在這種情況下，它會生長、蔓延而在他性慾的所有衝力之下，它將至少一部分的內容表現出來，而這種表現就是病的症狀。

所以，這些潛意識的幻想就是歇斯底里症狀的前身。歇斯底里症狀只不過是經「變形作用」而表現出來的潛意識幻想，並且只要症狀是屬於身體上的變化，那麼它們基本上是從原本屬於意識層面的幻想所伴隨的性感受衍生而來。這樣，手淫的中斷過程可以說是再度被回溯；當所有病態發展的最後目標——最初的原始性滿足的恢復——被獲得時，那才是病症真正的原因；可事實上，那種恢復從未真正實現過，而且那種獲得自始至終也僅僅是一種假設而已。

研究歇斯底里的人不久將會把注意力從病的症狀轉向衍生症狀的那些幻想。精神分析的技術首先就是讓我們從症狀推斷潛意識的幻想，然後讓病人意識到這些幻想。當前，透過這種方法，我們發現歇斯底里病人潛意識幻想的內容和性變態者實際上獲得滿足的方式（可意識到的）是相同的；假如有人想找這種例子的話，他只要回想一下聞名於世的古羅馬皇帝的祕密狂歡會，其中放浪形骸的瘋狂情形雖說是主人至高無上的權力的產物，但妄想狂患者的幻想也和這種情形有著類似的性質，只不過這種幻想直接表現在他們的意識層面而已。這種情形產生的基礎在於人的性本能中總含有虐待與受虐的傾向。從歇斯底里患者某些潛意識的幻想中，我們也

可以分析出和妄想狂患者的幻想相同的部分。雖然有一些歇斯底里病人並沒有把他們的幻想以潛意識的症狀表現出來，但卻有意識地付諸行動來表現它們，因此，也就會在實際中發生了暗殺、暴力與性的侵犯。

這種精神分析法，要求在顯著的症狀與隱祕的潛意識幻想中，發掘出所有與心理症患者的性有關的材料，這包括本文所要討論的事實在內。

幻想和症狀之間的關係為何會如此複雜呢？很可能是因為潛意識幻想在尋找表現出路時遭遇意識對其阻礙的結果。一個特殊的症狀並不僅僅只對應於一個單獨的潛意識幻想，而是對應於數個；而且，這個對應不是隨意的，而受一定規律的制約，在病狀的初期，這些併發的問題不會全部形成，通常形成在心理症形成並已經持續一段時間之後。

根據大家的興趣，在這裡筆者要中斷上述討論，而試著以一系列的定律來詳細描述歇斯底里症狀的性質。它們彼此並不相衝突，相反，它們具備了比較大的完整性與較精確的分類，也包含了部分不同的觀點。

1.歇斯底裡症狀是一種象徵，它暗示的是某種（創傷的）印象或經驗的回憶。

2.歇斯底里症狀經過「轉移作用」變成這些創傷經驗再現的表現形式。

3.歇斯底里症狀如同其他精神作用，也是一種完成願望的表現。

4.歇斯底里症狀是一種以完成願望的潛意識幻想的實現。

5.歇斯底里症狀的發生源自於對性的滿足，它代表著發病人性生活的一部分（對應於他性本能的那部分）。

6.歇斯底里症狀在本質上就是人嬰幼兒時期那種性滿足方式的再現，因為嬰幼兒時期的性滿足方式後期被潛抑著。

7.歇斯底里症狀是兩種相反的本能勢力互相妥協的結果。其中一種勢力想要表現性本能的衝動，另一種則企圖抑制其表現。

8.歇斯底里症狀也可能代表與性無關的各種潛意識衝動，但無論如何仍然存在性的意義。

在這些不同的定律中，第七項定律是最完整的一個。從它可以瞭解到潛意識幻想的存在狀況，而第八項則認識到性因素的真正意義。其他定律有些也包含此義，因而也可以歸併在內。

經過對症狀的精神分析後，症狀和幻想之間的聯繫使我們容易瞭解性本能中影響人的部分，對此筆者在《性學三論》中已有所闡述。某些病例經這種方法解析後，得到確切的結論，這就說明：對許多症狀甚至對含有最重要、最基本的性色彩的症狀來說，僅僅是解決一個潛意識的性幻想是不夠的；要想真正解決症狀必須處理好兩個性幻想：一個具有男性的性質，另一個具有女性的性質。因此，這兩個幻想之中有一個必定具有同性戀的傾向。這個新論斷與我們的第七項定義並不矛盾；歇斯底里症狀必定是性的驅動力與潛抑的力量相互妥協的結果，而有時它也會代表兩種具有相反性質的性幻想的結合。

筆者將不舉例說明這條定律。但是經驗表明：簡短的說明總是不足以讓人信服，所以，留待日後有機會筆者再舉例做詳盡的說明。

在此，筆者只準備說明下列定律並做出解釋。

9.歇斯底里症狀是一種男性與一種女性的潛意識幻想相結合的表現。

筆者必須說明：本人不主張這條定律具有和其他定律相同的適用性。據筆者所知，它既不能適用於一個病例的所有症狀，也不能適用於所有的

病例。相反，我們在有些病例中不難發現，一些兩性對偶的性衝動表現在個別的症狀中，所以異性戀的症狀與同性戀的症狀可以和其潛在的兩性幻想一樣分明。但是，第九項定律所說的條件常常是充分的，應該引起重視。對歇斯底里症狀形成的這種複雜性，看起來只有筆者注意到，而且這點只能在一個心理症已經過一段時間，並且已有相當可觀的結構之後，才能透過對它的解析得到一定的認識。

歇斯底里症狀的兩性對偶的屬性在許多病例中都有展現。這對筆者的觀點：「人具有兩性對偶的傾向，尤其可以透過對心理症患者的精神分析來發現」而言，不管怎樣都是一種有趣的證明。有一個頗為類似的情形：任何人在他意識到的手淫幻想中，既把自己比做某一男人或某一女人；而進一步分析的情況表明，某些歇斯底里發作時，病人同時扮演潛在性幻想中的兩種角色。例如，有一個筆者觀察的病例，病人用一隻手按住自己的衣服（女人的舉動），卻用另一隻手想要撕開自己的衣服（男人的舉動）。這種自相矛盾的舉動，使病症發作的情況變得非常曖昧，不過，這恰好說明隱藏著的潛意識幻想正在發揮實際的作用。

在精神分析的治療中，對症狀的兩性對偶的意義有所瞭解是必須的。假如某個症狀的一種性的意義已被解決後，似乎未見好轉，那時我們不必大驚小怪或是誤解。這是因為該症狀還有另一種反向的性勢力在起作用。然而，在這種病例的治療中，我們也應觀察病人是怎樣藉著不時引開他的聯想，平行線般地轉到相反的意義上去；如此一來，我們就可以找到病人躲避分析的直接原因了。

論歇斯底里的發作

一、在我們分析一個歇斯底里病人時，我們很快就會發現：這病症的發作僅是潛在的幻想，經外射與衍變而以一種默劇的形式所表現的人自身運動系統的某種動作而已。這些幻想是潛意識的，不過它們的性質與那些直接在白日夢中觀察到或由夜夢的性質是相同的。病症的發作常常被夢取代，且更常常有助於病的解析，因為同樣的幻想在夢和病人的發作中的表現形式截然不同，也許有人想由觀察病的發作來發現它所代表的幻想，但是這幾乎行不通。一般情況下，幻想的默劇表現有所「變形」，由於受到「檢查作用」的影響，這和夢的幻覺景象類似，所以這兩種表現形式起初更使得觀察者對病人的意識而感到不可理解。因此，對歇斯底里症的分析必須採取與夢的解析所用的步驟相同。由此不僅使我們可以分析產生變形的力量和產生變形作用的目的，以及和那些從夢的解析中為我們所熟悉的相同，而且所採取的解析變形作用的技巧也一模一樣。

1.病症因為相同的材料，同時代表數種幻想，經由濃縮作用而變得難以捉摸。兩種或多種幻想同時作用形成表現的核心，夢亦是如此。如此重合的幻想往往歸屬於不同的種類，比如，一個是最近才有的願望，一個是嬰幼兒時期印象的復活；相同的激動因素由此為兩個目標服務——往往是最巧妙的。利用濃縮作用到某種程度的歇斯底里病人也許會發現僅僅一種發作形式就已滿足；可是，其他人則以數種發作形式來表現病態幻想的多

重性。

2.病症的發作情形因病人同時扮演幻想中兩種人物的角色，也就是說，他具有多重認同作用，進而使這種幻想變得難解。例如，筆者曾治療過一個病例，病人以一隻手撕破她的衣服（男性的角色），同時卻以另一隻手按住了她的衣服（女性的角色）。

3.變形作用中特別有效的形式是刺激因素的反向倒錯，就像在夢的過程中我們常見的某種性質改變為其相反性質的作用。如在歇斯底里的發作中，擁抱也許會以抽搐似的兩臂向後抱，直到兩手在脊柱上相合。這種和擁抱相反的舉動，只不過是反向倒錯很明顯的例子。

4.同樣令人混淆與誤解的是幻想中事件發生秩序的顛倒，這在某些夢中也有它完全相同的情形，事件的結尾和開頭相互顛倒，還有以開頭作結尾。如某歇斯底里病人有性挑逗的幻想，她在公園裡看書，她的裙子稍微被掀起，因此她的一隻腳露在外面；一個男士走近並和她搭訕；他們於是到某處去親熱。在發病的時候，此幻想也許會這樣扮演；剛開始便是性交時的抽搐時期；之後她起身，走到另一個房間，坐下來看書並回答想像中搭訕的話。

由前面最後提到的兩種變形作用的形式，我們可以看出受潛抑的行為所面臨的意識對它的抗拒力量的強大，即使在它憑藉歇斯底里的發作已突破意識對它的束縛的時刻。

二、有一些固定的規律可以探尋歇斯底里症的發作。既然被壓抑的情感最終是由於「利比多」（性本能）的彙集和幻想的內容所構成，病的發作方式也可能由以下幾種情況引起：

1.連帶關係，如果情意中的內容被意識層次的事件所激動。

2.器官性，假設因為某些內在身體性的因素或外在的影響力，使性本能的彙集超過某種量度。

3.如果現實環境令人痛苦或感到害怕，在初級獲得的傾向之下，作為「逃入病中」的表現，發病便是一種逃避式安慰。

4.病的狀況和初級獲得的傾向連結，病人為達到其目的會藉助發病。如果發作的目標指向某特殊人物，那麼，它會等到那些人物靠近他的生活才會發作。

三、研究歇斯底里病人嬰幼兒時期的生活史顯示：歇斯底里的發作是病人早期實行而後來放棄的自體性欲滿足的替代。在許多病例中，這種滿足（利用手的動作或大腿壓力或舌頭運動等來自慰）在病發作、意識受到變形作用時，再度出現。病的發作得以產生實際上是由於性本能的加強，以及作為一種慰藉的初級發作的趨勢，因此發作重新恢復以前病人曾有意識地使用的自我滿足的情況。病人的病情可分為下列幾個時期：

第一個時期：自體性欲滿足而缺少理智上的判斷。

第二個時期：自體性欲滿足與幻想相互配合，在幻想動作中達到高潮。

第三個時期：對自慰動作的摒棄，卻仍然保留幻想。

第四個時期：被保留的幻想受到潛抑。然後幻想憑藉歇斯底里病症的發作突破潛抑作用，而病症發作的內容或是與幻想一致，或是經過一些的改變而與新的經驗相對應。

第五個時期：正是由於病症的發作又使自慰動作得以重現，這種動作

此前曾屬於幻想，隨後被摒棄。

　　這是嬰幼兒時期性活動的典型循環史：潛抑，潛抑的失敗，被潛抑內容的再次重現。

　　尿的失禁當然不能認為與歇斯底里症的診斷不合；它只不過是嬰幼兒式夢遺（尿床）的翻版。而且，某些歇斯底里病例中都可發現咬舌頭症狀；這和做愛時的情形大致相似。這種情形比較容易發生在醫生的詢問引起了病人注意到鑑別診斷的困難時。在歇斯底里發作時可能產生自我傷害（多半是男性），於是，小時候所發生的意外事件（如打鬥）就會再度出現。

　　關於歇斯底里發作時的「失魂」狀態，我們可以從任何強烈的性滿足（包括自慰在內）所達到的高潮中發現。假如少年的歇斯底里「失魂」是源自於「夢遺」，則其發展過程會很清楚。而所謂的催眠狀態，歇斯底里常有的白日夢中的「失魂」，其來源相同。這些「失魂」狀態的形成機制相當簡單。這是因為所有的注意力都集中在性滿足的過程上，而這種全神貫注在滿足發生的那一刻卻突然消失了，於是，就會產生暫時的意識喪失。這種短暫意識上的暫時空白——可以說是生理上的——就會被潛抑作用加以利用，從而在這空白中填上被潛抑作用所排斥的材料。

　　四、性交行為的反射機制——我們在激烈的性交過程中所看見的，適用任何人——表明了在病症發作時，被潛抑的性本能發洩的途徑。古人稱性交為一種「小癲癇」。對此我們可以修改為：歇斯底里發作時的痙攣等同於性交時的痙攣。把它和癲癇的發作相比較對我們不會產生有價值的幫助。因為我們對癲癇的病理瞭解遠遠不如對歇斯底里症知道的清楚。

總而言之，不管什麼類型的歇斯底里症的發作，在女性中被喚起的必定是她嬰幼兒時期某種形式的性行為——這種性行為當時必定具有男性的意味。此外，我們還常常發現，由於那些在青春期之前就表現出男孩子特徵的少女，在成長到青春期時才容易患上歇斯底里症。分析筆者所知的許多病例，歇斯底里這種心理症實際上是一種過渡中必然產生的潛抑作用，該作用讓她們的性的願望中男性特徵的一面被漸漸淡化，而其本身所具有的女性特徵的一面則得到突出。

第六章

補充和闡釋

伊瑪小姐的故事

佛洛伊德

前言

　　1895年的夏天，筆者曾以「精神分析」治療一位與我家素有交情的女病人，由於總擔心一旦失敗，筆者與她家人的友誼將會受到影響，因而備感棘手。令人遺憾的是，她在筆者手中的治療過程進展不太順利，本人只能使她不再有「歇斯底里焦慮」，然而，其生理上的種種症狀卻並未有好轉跡象。那時本人還不知道「歇斯底里症」治療的標準，因此覺得會有更好的辦法，所以就提出了一個更徹底但不見得能被患者接受的「辦法」，結果由於患者的不同意我們中斷了治療。有一天，筆者的同事奧圖醫生拜訪了這位患者——伊瑪的鄰居，回來後與本人聊天。於是，筆者問起她的近況，得到的回答是：「她看起來似乎好一些，但仍不見好轉跡象。」那種語氣聽起來有如指責筆者的不對，當時筆者就猜測，一定是那些最初就不支持伊瑪找本人治療的親戚們，向奧圖說了筆者一些壞話。對於這種不如意的事，本人當時並不理會，同時也未再向他人提起。只是當晚一氣之

下，振筆疾書，把伊瑪的整個醫療經過詳抄一遍，寄給了一位同事——M醫師（當時他算得上是我們這一方面的權威），想讓他看看，我的醫療是否真有讓人非議之處，而就在當晚（或是隔天清晨）本人就做了如下一個夢，第二天一醒來就馬上記錄下的。

1895年7月23至24日之夢

在一個大廳裡賓客雲集，伊瑪就在人群中，筆者走近她，劈頭蓋臉第一句話就是責問她為什麼迄今為止仍未接受本人的「辦法」。筆者說：「如果你仍感到痛苦的話，可不能再怪我，那是你自己的錯！」她回答道：「你可知道，我最近喉嚨、肚子、胃都痛得要命！」這時筆者才發現她變得如此蒼白、浮腫，不禁開始為自己以前可能疏忽了某些問題而擔心。於是把她帶到窗口，藉著燈光檢查她的喉嚨。如一般常戴假牙的淑女們一樣，她也有點難為情地張開嘴巴，其實本人覺得她的這種檢查沒有必要……結果在右邊喉頭有一塊大白斑，而其他地方也多有廣泛的灰白小斑排成捲花般的小帶，看來很像鼻子內的「鼻甲骨」。於是筆者很快地叫M醫師來再做一次檢查，證明與本人所見略同……M醫師今天看來與往常不同，蒼白、微跛，而且臉上鬍子刮得「寸草不生」……現在本人的朋友奧圖也站在伊瑪旁邊，另一個醫生里奧波德在聽診她的胸部（衣著整齊），並說道：「在左下方胸部有濁音。」又發現在她的左肩皮膚有滲透性病灶（雖隔著衣服），我仍可摸出這傷口。M醫師說：「這毫無疑問，是細菌感染所致，沒什麼大問題，只要拉拉肚子，毒就可以排出來。……而我們都非常清楚這是怎麼得的，大概不久以前，由於伊瑪當時身體不舒服，

奧圖給她打了一針Propyl……Propyls……Propionic acid……Trimethylamine（那構造式呈現在筆者眼前能清楚地看到）……其實，人們是很少這般輕率地使用這種藥的，而且當時針筒很可能也不夠乾淨……」

這個夢有許多地方似乎占盡人家的便宜，很明顯，這與白天發生的事息息相關。根據筆者的「前言」，讀者大概也可看出一點端倪，由奧圖聽到伊瑪的消息，寫治療經過寄給M醫師——這些事一直到睡覺時仍縈繞於筆者心中，因而產生了這麼一個怪夢。其實連筆者本人，也不能完全清楚夢裡的內容。可是實在想不通，伊瑪為什麼會有那樣奇怪的症狀，Propionic acid 的注射，M醫師的安慰之詞……都叫本人匪夷所思。尤其，後來一切的進展是那麼快，一下子就掠過去，更叫人無從捉摸，以下筆者打算分做幾段，逐段分析。

分析

一、「在大廳裡有很多賓客，我們正招待他們」：那年的夏天，我們正住在Kahlenbery附近山中的獨屋，這座房子本是用作避暑的別墅，因此都是些高大寬敞的房間。做這個夢是在本人妻子生日的前一天，妻子曾與本人談及生日當天宴會的安排，並列出了邀請名單——伊瑪就是其中之一。於是在夢中，筆者就有了宛如當天生日宴會的一幕出現。

二、筆者責怪伊瑪為何不接受本人的辦法，說：「如果你仍感到痛苦，可不能再怪我，那完全是你自己的錯！」即使在筆者醒時都有可能說出這種話，而且可能已經說過也不一定。當時本人覺得（日後已證明那是錯誤的）自己的工作只是向患者揭示他們症狀下面所隱藏的真正病因所在

而已，至於他們是否接受成功所需的解決辦法，本人無能為力。因此，在睡夢中，筆者告訴伊瑪那些話，無非是要表示她今日之所以久病不癒，與本人「治療」不力有關……這一小段很可能就是這個夢的主要目的。

三、伊瑪抱怨說：「喉痛、胃痛、腹痛可把我痛死了。」胃痛是她最初找筆者時就已有的症狀，但當時並不太嚴重，頂多不過胃裡不舒服想吐而已；至於腹痛、喉痛從未聽說過。為何在夢中，筆者會替她造出這些症狀，迄今為止本人仍困惑不解。

四、「她看來蒼白、浮腫」：實際上伊瑪一直是臉色紅潤，因此筆者懷疑在夢中她大概被另一人所「取代」了。

五、「我開始為自己以前可能疏忽了某些問題而擔心」：讀者們都清楚，一個精神科醫生常常有一種警惕，就是他往往會把其他醫生們診斷為器官性病因的症狀，統統當作「歇斯底里症」來醫治。也許就是這種警惕心讓筆者產生了這一段夢境，而另有一種可能就是伊瑪的症狀果真是由器官性毛病引起的話，那本人用心理治療當然不是合理的醫治手段，就大可不必為此而耿耿於懷。因此有可能潛意識裡，本人反倒希望以前「歇斯底里症」的診斷是個錯誤。

六、「我帶她到窗戶旁以便看清她的喉嚨，最初她稍稍『抗拒』，猶如戴著假牙的女人怕開口。我以為她是不需要這種檢查的」：實際上筆者也從未檢查過伊瑪的口腔。這夢中的情景，讓筆者想到以前有個富婆來看病，她外表看上去那般年輕漂亮，但要求她張嘴時，她就要竭力掩飾她的假牙……「其實她不需要這種檢查」，這句話似乎是對伊瑪的恭維，但對這句話筆者有另一種解釋……那一幕，伊瑪站在視窗，使本人回想到另一

個經驗：伊瑪有一位很要好的朋友，有一天筆者去拜訪她時，她正好就像夢中的伊瑪一般站在窗戶旁讓她的醫生——M醫師（也就是夢中的那位）為她檢查。結果在喉嚨處發現有白喉的偽膜……M醫師、白喉般的膜、窗口都一一在夢中呈現。現在筆者才發現，這幾個月來，對於她也患有「歇斯底里症」的懷疑一直盤繞在本人的腦海，而實際上之所以有這種想法，只不過是因為她常有「歇斯底里症」（就像夢中的伊瑪一樣）。因此在夢中本人將她兩人進行了置換。如今才記起筆者一直期待著伊瑪的這位朋友，遲早會上門來找本人醫治她的病。可事實上，本人又自知絕不可能；因為她一直是那種保守的女人，可能夢中特別提出的「拒絕」就意味著這一點。另一個對「她不需要……」的解釋，可能就是指伊瑪的朋友，因為她迄今為止一直都能獨立生活而不需藉助外界的幫助。最後剩下蒼白、浮腫、假牙無法在伊瑪和她這位朋友身上發現。假牙或許來自那富婆；而筆者又想到另一人物——X夫人，她不是本人的病人，而且本人也真不敢領教這傢伙，因為她一向和本人過不去，一點兒也不溫柔。她臉色蒼白，而且有一次身體不好，全身浮腫……就這樣子，筆者同時用了幾個女人來取代伊瑪，而她們與伊瑪的共同點都是拒絕了筆者的醫療。之所以在夢中用她們取代伊瑪，可能是筆者比較關心她這位朋友，或是本人嫌伊瑪太笨，以致未能接受。

　　七、「我在她喉頭發現一大塊白斑，並有小白斑排成像皺縮的『鼻甲骨』一般」：白斑使筆者聯想到伊瑪那位朋友的白喉；與此同時，也讓人想起筆者大女兒在兩年前所遭遇的不幸，以及那一段時期的諸般不如意。那皺縮的「鼻甲骨」讓筆者想起自己的健康問題，當時本人常常服用「古

柯鹼」來治療鼻部的腫痛，但幾天前，聽說一個病人因用了「古柯鹼」，而引起了鼻黏膜大塊的「壞死」。記得在1885年筆者正極力推薦「古柯鹼」的醫療價值時，曾遭來一連串的反對，而且曾有個摯友因濫用「古柯鹼」導致死亡。

八、「我很快地叫M醫師來再作一次檢查」：這只是反映出M醫師和我們這幾人的關係，但很快地卻意味著這是一個特別的檢查，這讓筆者想起一個很糟的行醫經驗：當Sulphonal仍被廣泛地使用，看不出任何特別的副作用時，有一位病人就因本人開了這種藥給她，而產生嚴重的副作用，從而不得不馬上向前輩們求助。啊！筆者現在才發現，這位女病人的名字與筆者死去的大女兒名字一樣，看來這真是命運的捉弄，同是一個瑪迪拉，我害了她，結果就害了自己的女兒，真是以牙還牙。由此看來，潛意識裡，筆者似乎常常為自己缺乏行醫道德而自責。

九、「M醫師臉色蒼白、微跛，並且鬍子刮得乾乾淨淨」：M醫師實際上就是一個臉色常常蒼白而令人擔心的傢伙；可刮鬍子、跛行卻又讓筆者想到另外一個人，也就是本人那位在國外的兄長，他經常是鬍子刮得最乾淨的人，而日前來信說，最近因大腿骨的關節炎而行動不便。但為什麼這兩人會在夢中合二為一呢？思來想去，唯有一個共同點，那就是都曾對筆者的意見提出過質疑，從而使本人和他們的關係極端惡化。

十、「奧圖站在伊瑪旁邊，而里奧波德為她作叩診，而且注意到她的左下方胸部有濁音」：里奧波德是奧圖的親戚，也是一名內科醫生，由於兩人從事的是同一行業，所以一直都互不相讓。當筆者仍在兒童精神科主持神經科門診時，他倆都曾在本人手下幫過忙，兩人迥然不同的性格曾

給本人留下深刻的印象。奧圖是思維敏捷、做事快速，而里奧波德卻是性格沉穩、工作仔細。在這夢裡，筆者無疑是在讚賞里奧波德的細心。這種比較就有如上述的伊瑪她那位朋友一般，只是反映出本人個人情感上的好惡。現在筆者才看清在夢中自己思路的運行：由本人對她有所歉疚的瑪迪拉——筆者的大女兒——兒科醫學——里奧波德與奧圖的對照。關於夢中的「濁音」，使人聯想到有一回在門診，在筆者與奧圖看過一個病人後，正討論不出所以然時，里奧波德又作了一次檢查，發現了這個可作重要線索的「濁音」。本人還有另外一種想法：要是伊瑪就是那病人多好，因為那病人後來被確診為「結核病」，不會像伊瑪得了這般難斷的疑症。

十一、「在左肩皮膚上有滲透性的病灶」瞬間就讓筆者想到這正是自己風溼痛的部位，每當半夜醒來，這毛病就要發作。再下一段「雖說隔著衣服，我仍可摸出這傷口」可能就是指筆者自己摸到自己的身體，而且「滲透性病灶」這句話很少用來指皮膚上的病狀，多半都是用來指肺部，如左上後部有一「滲透性病灶」……的說法，所以，我們再次可以看出，筆者內心是多麼希望伊瑪患的是那種極易診斷的「結核病」。

十二、「雖說穿著衣服」這只是一個插句，在兒童診所裡我們向來是要求患者脫光衣服做檢查，但一般女性多半是做不到。記得有一位名醫，專門不讓病人脫衣，卻能「看穿」她們的病，所以最受女病人的歡迎……這個插句，我實在看不出什麼名堂。

十三、「M醫師說：『這是病菌感染，但無大礙，只要拉拉肚子，把毒素排出就可以了！』」：這乍看是多麼荒謬可笑，但要仔細追究，倒也大有文章。夢中筆者看出這病人有白喉，而白喉多半是先有局部感染，再

引起全身毛病，里奧波德曾查出伊瑪胸部有「濁音」，是否為「轉移性病灶」。但依據筆者所知，白喉不全是在肺部發生「濁音」的，難道會是「膿血症」？「這沒什麼大問題……」完全是一種安慰之詞，夢中M醫師說這是病菌感染——一種器官上的毛病，所以筆者想這可能又是要為自己減輕責任——畢竟是因為她患的是器官性毛病，難怪筆者這百試不爽的心理治療會失敗。假如她真的是「歇斯底里症」，那才不會……很可能當筆者的夢發展到這兒時，本人的意識已開始自責了：「只為了自己能辯解到不必為她承擔責任，就不擇手段，讓伊瑪變成感染上『結核病』重症，是多麼殘酷無情！」於是之後的夢又轉向另一方向，儘量往樂觀的方向發展，才有這般「這沒什麼問題」的說法，但為什麼安慰之詞，卻用這般荒誕不經的說法呢？

老一代的庸醫，竟然還有人相信白喉的毒素，要由腸道來排出，所以可能在這夢中，筆者就有意識笑M醫師是這種糊塗醫生。但筆者又想起一個回憶：幾個月前，有一個病人因消化不良上門診治，當時本人一眼就看出這是「歇斯底里症」。但其他醫生都診斷其為「貧血、營養不良」。由於本人不願意在他身上試用「心理療法」，因此就勸他到海外遊玩，放鬆一下他那長久鬱積的不安。不料幾天之後，他從埃及寄給筆者一封信，說他在那兒又發作一次，結果當地的醫生診斷為「痢疾」。本人實在是很懷疑，這明明是「歇斯底里症」，怎麼診斷成「痢疾」，大概是當地醫生的誤診吧！但本人又忍不住開始自責：「為什麼放任一個患病的人到那種可能感染上『痢疾』的地方去玩呢？」還有白喉與痢疾，是不是兩個字唸起來也十分相近呢？而類似這種情形的取代，在夢中不乏例子。

在夢中，筆者讓這些話借M醫師口中說出，或許是有意在開他玩笑，因為他曾告訴本人一件相類似的事：有一個同事請他去會診一個病危的女患者。由於M醫師發現她尿中出現了大量的蛋白質，因而表示存活的可能性不太樂觀，但他同事卻不以為意地說：「這沒什麼問題……」因此本人可能在夢中，就有意識嘲笑這位看不出「歇斯底里症」的醫生。筆者經常在想：「M醫師可曾想過伊瑪的那位朋友，不是『結核病』而是『歇斯底里症』？會不會是他看不出而誤診成『結核病』的呢？」

本人在夢中這般刻薄地譏諷他，究竟又是出於什麼動機呢？想來只有一個目的——報復，因為M醫師和伊瑪都曾反對筆者，因此在夢中，筆者對伊瑪說她是活該，而讓M醫師說出一些最荒謬、最可笑的話。

十四、「我很清楚地確知那感染是怎麼來的」這句話似乎很不合理，因為在里奧波德發現「濁音」、「滲透」之前，本人根本沒想到這會是細菌感染。

十五、「不久之前，當她不舒服時，奧圖曾給她打了一針」：奧圖到鄉間拜訪伊瑪時，是因為鄉間旅舍有急症，請他去打針而順道拜訪伊瑪的；所以「打針」可能是由此而聯想的。同時「打針」也讓筆者想到，本人有一位摯友因為注射大量「古柯鹼」而中毒身亡，而當時本人是主張在戒掉嗎啡中，可以使用「古柯鹼」的。想不到，他竟一下子注射了那麼大劑量而送命，這件事曾讓筆者久久不能釋懷。

十六、「注射的藥是Propyl……Propyls……Propionic aicd……」：這到底是什麼藥，筆者自己也從沒見過。在做夢的前一天，奧圖送本人一瓶標著 Ananas（伊瑪的姓很近似這個音）的酒，由於強烈的機油味道讓人

作嘔，所以筆者就想把它扔掉。可是妻子卻說不如送給傭人們喝，結果卻遭到筆者的大罵：「傭人也是人，我可不准你用這個毒死他們！」也許「Amyl」與「Propyl」音很近吧！

十七、「Trimethylamine」：在夢中，筆者還可清晰地看到構造式用粗體字標出來，但Trimethylamine對本人又毫無意義可言。記得以前曾與一位無所不談的老友聚會時，他告訴筆者，他最近對於「性」的化學研究的結果，並提到他發現Trimethylamine為一種性激素代謝的中間產物，因此，筆者想Trimethylamine在本人的夢中可能代替了「性」，而在本人眼裡，「性」正是精神病學上的一個大問題。本人的患者伊瑪是一個寡婦，如果要筆者硬要自圓其說的話，她的毛病可能就是由「性」得不到滿足而產生，當然這種說法必不會被那些追求她的人們所接受，但經過這樣的分析，似乎也頗能與夢裡情節相吻合。

筆者還是想不出Trimethylamine為什麼非常清楚地出現在自己的夢中；它一定是個比喻，而且很有可能不是「性」的代稱，但筆者又想不出更合適的解釋。提到性問題，又使人想起了給筆者很大影響的一位醫學前輩，他一生專攻鼻炎或鼻竇炎，並曾發表一篇名為「鼻甲骨與女性生殖器官的關係」的論文，而在夢中本人曾提到鼻甲骨，所以這更讓本人斷定：在潛意識裡筆者認為伊瑪的病和性有關。

十八、「通常這種針，我們不會輕率地打給患者」：這完全是在指責奧圖的行醫不當。記得當天奧圖告訴筆者伊瑪狀況時，筆者在心裡就如此罵了他：「你怎麼這般不明是非，輕信伊瑪家人一面之詞」，但這「輕率」的打針又使筆者聯想到，那個因過量使用「古柯鹼」而去世的朋友，

以及可憐的瑪迪拉⋯⋯。很明顯，一方面筆者是藉著這夢在推卸自己的責任，並且對那些不利本人的人一一報復，可是另一方面筆者卻始終擺脫不了良心的自責。

十九、「很可能連針筒也不乾淨」：這又是在指責奧圖，但這來源可又不同，筆者有一位已經82歲的老病人，兩年來一直靠本人每天給她注射兩針嗎啡來維持生命。但最近遷到鄉間以後，找了別的醫生替她打針，結果發生靜脈炎。這消息使本人感到非常得意，因為這表示本人行醫的良心與謹慎，兩年來從沒出過問題。「這一定是針筒不乾淨」，同時又讓人想起，女兒瑪迪拉快出生時，妻子懷她曾因打針而發生「血栓症」。由此看來，筆者曾在夢中，把伊瑪和已夭折的愛女瑪迪拉又合成了一人。

以上筆者完成了這個夢的分析。在分析的過程中，本人盡最大努力去避免接受那些由「夢內容」及其背後所隱藏的「夢的想法」所暗示出來的各種意念，而把夢的真正意義呈現出來。透過整個夢，筆者發掘出一個貫徹前後的意向，那就是之所以會做這個夢的動機。這夢達成了本人幾個願望，而這些都是由前一個晚上奧圖告訴筆者的話，以及本人想記錄下整個臨床病歷所引起。整個夢的結果，就在於表示伊瑪之所以今日仍受病痛之苦，並不是本人的錯，而應該歸咎於奧圖。由於奧圖告訴本人，伊瑪並未痊癒，因而惹惱了筆者，所以就用這夢來嫁禍於他。這夢得以利用其他一些原因（事實上，這些原因也搪塞了不少解釋）來使本人自己解除了對伊瑪的歉疚。這夢呈現出一些筆者心裡所希望存在的狀況。所以筆者可以這麼說：「夢的內容是在於願望的達成，其動機在於某種願望。」

乍看這個夢大體情景似乎並無什麼特別，可就願望達成的觀點加以仔

細推敲，則每一個細節均有其意義。在夢中，本人這般報復奧圖的原因，並不只是因為他那麼輕率地就為伊瑪的未痊癒而怪筆者，可能還因為他曾送本人那有機油臭味的酒，所以在夢中，把這兩件事融合在一起，成了「Propyl的注射」。然而本人仍心存不甘，於是再拿他和較優秀的同事做比較，繼續本人的報復。筆者甚至很想當著他的面說：「我喜歡他，遠甚於你。」但是，奧圖並不是本人憤怒所指向的唯一對象。筆者也對那不聽話的病人，深感不滿，用另一個更聰明、更溫柔的人物來取代她。還有，本人也未能放過M醫師，因此，就用一種很荒唐的胡扯，來表達出本人對他的看法——他幾乎是一個大蠢材（說了些「只要拉拉肚子，就可以把毒排出來……」的鬼話）。實際上，在筆者看來似乎很想將他轉換為一個更好相處的朋友（那告訴我Trimethylamine的朋友），就像筆者將伊瑪轉換成她朋友，將奧圖轉換成里奧波德。從整個夢看來，都似乎是想說：「讓我脫離這三個可惡的傢伙吧！讓我自己選三個人來取代吧！如此我才可以逃避這些我應得的譴責！」在夢中，這些不合情理的譴責，均經過複雜的變化後才呈現出來。伊瑪的病痛，只是由於她拒絕接受本人的醫療，錯並不在筆者。而且如果那些病痛，是由器官性毛病引起，那麼用本人的心理治療當然不能見效。伊瑪的受苦，完全是由於她的守寡而引起的，鑑於此本人也愛莫能助。伊瑪的病，是由奧圖輕率的打針引起的——一種本人所未曾用過的不適當的針藥。伊瑪的抱怨完全是由不潔的針筒所引起，如同本人從未引起那老婦人的靜脈炎一般。當然筆者很清楚這一切都是為了自己無罪的解釋前後不一致的，甚至有些互相矛盾。可是這整個意圖（這夢除此而外，別無他圖）使筆者腦海中想起了一個寓言——借用鄰家的茶壺，

可是弄壞了，導致被人控訴的故事：第一步，他說他還的時候，是毫無破損。行不通時，他用第二招，便說最初茶壺在借的時候，已有了破洞。最後，再行不通。他乾脆說他根本沒借過。一種很複雜的防衛機制就這樣進行著。只要這三條，有一個行得通，他便無罪了。

在夢中還有其他一些細節，似乎與筆者要證明伊瑪的事概不負責的主題，扯不上什麼關係。那就是筆者的女兒的病，與女兒同名的女病人的病，「古柯鹼」的害處，到埃及旅行的病人之病情，對本人妻子、兄長、M醫師的健康之關懷，以及對自己的健康問題、那患有化膿性鼻炎的已故朋友……但如果本人再從這些紛亂的片段中，摘出其中共同的意義，那無非是「對我自己與別人的健康的關懷——即我的職業上的良心」。筆者仍依稀記得，那晚奧圖告訴本人伊瑪的情形時，筆者有一種難言的不愉快，而終於把這種感覺在這個夢的其他部分裡宣洩了出來。那時的感受就猶如奧圖對筆者說：「你並未重視你的醫療道義，你沒有良心，你並未踐行你的承諾。」因此，在夢中筆者竭盡所能地證明，自己是非常有良心的，本人是如此的關心自己的親人、朋友和病人。很奇怪的是，在夢裡存在著一些痛苦的回憶，反而更證實了奧圖的譴責，而不是贊成本人的自我告白。這些內容看來是公平的，可在夢中的這些較廣闊的奠基，與其較狹隘的主題「證明我對伊瑪的病是無辜」之間的聯繫，卻是毋庸置疑的。

筆者不敢奢望自己已經把這夢的意義全部解析出來，也不敢說自己的解釋毫無瑕疵。

儘管筆者可再花更多時間來探究它，來找出更多的解釋，來研究各種可能性，甚至能找出更深入的心路歷程該是如何，可是所有這些就牽涉到

一個人，自己的每一個夢所遇到的一些不情願再分析下去的部分，那些怪筆者未能分析得淋漓盡致的人，可以自己做做實驗，做得更直爽、更坦白些。就目前而言，本人非常滿意於這一個剛剛分析所得的發現——如果遵循上述這種夢的分析方法，我們將發現夢是具有意義的，而絕不是一般作者所說那樣：「夢僅僅是腦細胞不完整活動的產物。」而實際上，一旦釋夢的工作能完全解析，可以發現「夢是代表著一種願望的達成。」

夢兆與象徵

　　大家已經知道夢之所以難以理解是由於夢的偽裝所致，而夢的偽裝則
又是對不道德的潛意識欲望衝動施行檢查的結果。我們當然不能說檢查作
用是偽裝作用的唯一原因，假如我們對夢作更進一步的研究，便可發現偽
裝作用還有其他原因；也就是說，即使消除了檢查作用，我們仍然不能對
夢有所理解，而且夢所顯示的也不一定會和夢的隱意相互一致。

　　這個促成偽裝的另一原因，是在我們覺察到精神分析的技術的一個
缺陷時暴露出來的。筆者曾經承認有時被分析者對於夢中的單獨元素的確
不能產生聯想。當然，這種情形沒有像他們所說的那麼多。就大多數的例
子而言，分析者若持之以恆，仍可引出聯想；但是就某些少數例子而言，
的確完全不能引起聯想，最後縱有聯想，也並非我們所需。精神分析的治
療若遇到這種情形，便找到了意義，這裡暫不敘述；不過這種情形在為正
常人或為自己釋夢時也可能發生。在這種情形下，無論如何都不能奏效，
我們最後才知道每當夢裡存在特殊元素時，這種令人不愉快的障礙便會發
生；我們原來以為這只是技術失敗中的特例，現在才知道這是由於某一新
原則產生作用的結果。

　　在此，我們依舊嘗試用自己的辦法來解釋和翻譯這些無法產生聯想的

| 158 | 少女杜拉的故事 |

元素。可是令人驚奇的是，每當我們敢於作此翻譯的時候，一般都能獲得完滿的意義，反之不用此法，夢就失去連貫而無意義可言。在這種實驗開始時，本不敢自信，但伴隨同類的例子日益增多便逐漸可相信了。

筆者現在要作一個概述，為了演講，這是可以允許的，雖說較為簡潔，但不至於引起誤會。

於是，我們對一組夢的元素，採用一種固定的翻譯，正如我們在通俗的釋夢書中所看到的，對夢裡各種事物都採用的那種翻譯。值得一提的是，在我們應用自由聯想法的時候，夢的元素是從來沒有這種固定的代替物的。

你們馬上會覺得這個釋夢的方法，似乎比自由聯想法還不靠譜而更可指責了。但是本人也有話要說：我們已由親身的經驗蒐集了許多可以用這種不變的翻譯的例子，終於知道釋夢有時不須應用夢者的聯想，只要應用我們自己的知識就夠了。至於這種知識來源何處，本文的下本部分會另做表述。

我們把夢的元素與對夢的解釋的固定關係，稱之為一種象徵的關係，而夢的元素本身就是夢的隱意的象徵，大家應當記得我們之前研究夢的元素與其隱意的關係時，筆者曾舉出三種關係：一是以部分代替全體；二是暗喻；三是意象。接著又說過可能還有第四種關係，那時卻未曾明確說出。這第四種關係就是剛才所說的象徵的關係。針對這一問題，在未舉出我們特殊的觀察之前，請先對那些可供討論饒有趣味的各點予以密切的注意。象徵作用有可能就是我們夢的理論中最吸引人的部分。

首先是，象徵和被象徵觀念的關係既固定不變，又似乎後者是前者的

解釋，因此我們的技術雖和古人及一般人的釋夢迥異，但是象徵主義在一定程度上是暗合古人和一般人釋夢的意思的。因為有了象徵，所以我們能在某種情形之下解釋夢而又不必詢問夢者，事實上夢者不管怎樣都不可能以象徵相告。假如我們知道夢中常有的象徵，夢者的人格，生活狀況和夢前接受的印象，一般情況都可以立即釋夢；好像一見面就可翻譯出來。這個成功既可使釋夢者滿意，又可使夢者嘆服；因此遠勝於煩瑣的詢問法。不過，大家萬不可據此引起誤會：耍花樣絕不是我們的慣用伎倆，況且基於象徵作用的釋夢法也決不能代替自由聯想法或與之相比擬。象徵法只是聯想法的補充，所以其所得的結果只有和聯想法合用才有效果。至於我們關於夢者心理情境的知識，大家要明白我們不僅僅只是解釋熟人的夢；通常來說，我們幾乎無從知曉引起夢的前一天事實，因此被分析者的聯想就是所謂心理情境的知識來源。

關於夢和潛意識之間的這個象徵作用的問題竟引起最激烈的抗議，這是特別引起注意的，尤其是接下來要討論到的幾點。儘管擅於判斷的人在其他方面對於精神分析已深表同情，然而在這一點上也力持異議。倘若我們記得下面兩件事，那麼這種行為就會更令人詫異了：一是象徵作用並非是夢所特有，也不是夢的獨特性質；二是精神分析雖不缺少獨創之見，但是夢的象徵作用並非創自精神分析。倘若讓我們舉出近代此說的先輩，則當首推施爾納（1861）；精神分析只是證實了其學說，但在某些重要方面作了修訂。

大家可能希望再舉幾個例子，說明夢的象徵作用的性質。筆者當然願知無不言，可是本人自認為知識匱乏而沒有大家期望的那麼豐富。

象徵的關係實質上就是一種比擬，可卻又不是任何一種的比擬。我們必定覺得這種象徵的比擬受某種特殊條件的制約，不過這些特殊條件仍舊是個謎。一事一物所可比擬的事物並不都呈現在夢中而成象徵，反過來說，夢也不可能以象徵來代表任何事物，其所象徵的只是夢的潛意識的精神元素，因此雙方都各有界限。然而，我們也必須承認，目前對於象徵的概念還不能指出明確的界限，因為象徵同代替物、表象等很容易混淆起來，甚至近似於暗喻。有些象徵的比擬基礎容易看出，而有些象徵則必須仔細發現其比擬中的共同因素或公比。有時細加思考就可發現其隱義，有時思考之後，其意義仍不得其解。而且即使象徵的確是一種比擬，但這種比擬也不因自由聯想法而顯露出來；夢者對此毫無知曉，因此應用象徵也非有意；所以要據此引起其注意，他確實也不願承認。由此可知，象徵的關係是一種特殊的比擬，至於性質如何，我們目前尚未充分瞭解。或許以後可能更深入的發現和瞭解這一未知量。

　　夢中可以用象徵來代表的事物寥寥無幾，如人體、父母、孩子、兄弟、姐妹、生死、裸體，此外還有一物，暫且不提。代表整個人體所常用的象徵是房屋，此事施爾納也曾提到，只不過其誇大了這個象徵意義。一個人做夢在房屋的前面攀緣而下，有時感覺身心愉悅，有時感到心驚膽戰。牆若平滑，房屋意指男人；房屋若有壁架和陽臺則意指女人。父母在夢中表現為皇帝及皇后或國王及王后或其他高貴人物；就這點而言，夢的態度是恭敬的。孩子、兄弟、姐妹等往往被象徵為小動物或害蟲，則受到較不恭敬的待遇。出生的象徵常和水有關，或夢見落水，或夢見從水中爬出，或夢見救人出水，或夢見從水中被救出，這些都象徵著母子的關係。

垂死的象徵為乘車出發旅行，而表示死亡的狀態則用種種隱晦的暗喻；至於表示裸體，反而使用衣服和制服。據此可知，象徵和暗喻逐漸失去嚴格的分界。

這些事物的象徵是如此貧乏，但是關於性生活的事物（如生殖器，性交等）象徵是如此豐富，這難免讓人驚奇。夢中大多數的象徵都是性的象徵。直接和性有關的事物很少，但其用以象徵的數目卻數不勝數，二者相比很不相稱，因此每一事物都各有許多意義相同的象徵。於是，解釋的結果一般往往會引起人們的詰難，因為夢的象徵方式五花八門，可其解釋卻異常單調。這當然是大家所不願意看見的；然而事實的確是如此，又有什麼辦法呢？

由於這是在本次演講中第一次談及性生活，所以筆者必須將討論這個問題的態度略加說明，精神分析對於任何事都無所隱蔽，因此，討論這種重大問題實在無須感到羞愧；筆者更以為無論何事都必須先正其名，然後才不會有無謂的爭論，在座各位雖然男女兼有，都一視同仁。演講科學是不能有所隱瞞的，也不能專門要求適合女性的要求；在座各位女士既然來聽講，便已表示要和男子接受同等的待遇了。

男性生殖器在夢中有著千奇百怪的象徵，就大多數來說，其比擬所根據的共同觀念是容易理解的。神聖的數目「三」是整個男性生殖器的象徵。其更重要、更為兩性注意的部分就是陽具。它的象徵可以是長形直豎之物，如手杖、雨傘、竹竿、樹幹等；也可以是具有穿刺性和傷害性的物體——某種利器，如小刀、匕首、槍、矛、軍刀等。也可以是各種火器，如槍炮、手槍或左輪手槍等，後面這些東西以其形似，因此是很合適的象

徵。倘若少女夢中有焦慮的現象，那麼往往會被帶佩刀或來福槍者追逐，這也許是最常見的夢境，此種象徵，連你自己都不難解釋。有時男性生殖器以水所流出之物象徵，如水龍頭、水壺或泉水；有時則以可拉長之物為象徵，如有滑輪可拉的燈，自由伸縮的鉛筆等。其他諸如筆桿、指甲銼刀、鐵錘及其他器具等也同樣顯然是男性的象徵。這些意義也都是很容易明白的。

陽具由於有違背地心吸力高舉直豎的特性，所以也用氣球、飛機或飛船為象徵。但還有另一種有關勃起的更有力象徵，就是夢見高舉；它使生殖器成為整個人的主要部分，夢者便自己起飛了。大家所熟悉的夢中高飛，有時也非常美麗，現在若將這種夢解釋為性興奮的夢或陽舉的夢，你們聽了不必大驚小怪。精神分析研究家費德恩曾證明此解釋是可靠的；而以精明著稱的沃爾德曾以臂和腿的不自然姿勢進行實驗，雖然其理論和精神分析大不相同（也許他不清楚精神分析的存在），但他的研究結果卻得出了相同的結論。你們不要因為婦女同樣夢見高飛，就來反駁我們的學說；要知道夢的目的在於滿足欲望；而婦女往往在不知不覺中有想變成男子的欲望。如果你們熟悉解剖學，就不至於假定女人不能有和男子相同的感覺而實現這個欲望，因為女子生殖器有一個小的部分和陽具相同，那就是陰核，在兒童期及在性交之前的確和陽具占同樣的地位。

有些男性的象徵是爬蟲和魚，尤其蛇是最為著名的象徵，但較難領會。更難理解的是為什麼帽子和外套也可作此種象徵，但其象徵的意義是不成問題的。至於手腳代表男生殖器是否也可以稱為象徵則抱有懷疑。不過從其和鞋襪手套的關係來看，不得不視為象徵之一。

女性生殖器則以一切有空間性和容納性的事物為其象徵，如坑和穴，瓶瓶罐罐，各種大箱小盒及櫥櫃、保險箱、口袋等。船艇亦如此類。有許多象徵是指子宮，而不是指其他生殖器官，如碗櫃、火爐，特別是房間。在這裡，房間的象徵和房屋的象徵相關聯，而門戶則代表陰戶。各種材料如木和紙及其製造品，如桌和書等，也是女性的象徵。對動物界來講，蝸牛及蚌肯定是女性的象徵；對身體各部分說，嘴則代表陰戶；而建築物，如教堂、小禮堂都是女性的象徵。大家知道，理解所有這些象徵的難易，是各不相同的。

乳房也屬於性的器官。女性的乳房及臀部都以蘋果、桃子及一般水果為其象徵。在夢裡，兩性的陰毛則為森林叢竹。女性器官的繁複部位則常比喻為有岩石、有樹、有水的風景；而男性器官的構造則往往象徵為各種複雜且難以描述的機器。

女性生殖器還有一個象徵應該引起注意，那就是珠寶盒，而「珍珠」或「寶貝」在夢裡也可代表愛人，糖果常用來象徵性交的快感。而以各種遊戲為喻的，則由自己生殖器而得到的滿足，如彈鋼琴。手淫則以滑動、溜動及折技為喻，都是很典型的。尤其需要注意的是，手淫的象徵是以掉牙或拔牙為喻，其要義是指以宮刑為手淫的懲戒。至於性交的特殊象徵並不如我們所期望的那麼多，但也可以舉出一些，如跳舞、騎馬、登山等有節奏性的活動，又如受暴力的待遇，如為馬蹄所踐踏或為武器所威脅等。

你們可不要以為這些象徵的用途和解釋都很簡單；事實上，在很多方面所遇見的都往往出人意料。例如，讓人難以置信的是，兩性所用的象徵常常可以互換。有許多象徵即可以用來代表男性，也可以代表女性：如小

男孩或小女孩。有時男性的象徵也可用以指女性生殖器，而女性的象徵也可用以指男性生殖器。這是不易理解的，除非我們已略知人類對於性概念的發展。對於某些例子而言，這種象徵似乎模稜兩可，但實則不然；最顯著的如武器、口袋、櫥櫃等則永為單性，兩性不可互用。

現在將從象徵本身，而不從被象徵的事物講起，用來表明性的象徵起源，對於取義較為隱蔽的象徵則稍作解釋。這種象徵以呢帽或一切帽子為例；帽雖然偶爾有女性的意義，可也附帶男性的意義。同理，外套的意義為男人，雖然有時專指生殖器。這到底是什麼緣故，你們當然可以隨便提問。領結下垂，顯然是男性的象徵，與女子毫無關係；而襯衫、內衣則常是女性的象徵。衣服，制服是裸體的象徵，這在上文我們已經談論過；鞋和拖鞋則意味著女性生殖器。桌和木材作為女性的象徵，雖然令人費解，但仍可信而不疑。登梯、登山或登樓的運動顯然是性交的象徵。其節奏的性質和興奮的增加——如登山、登樓時呼吸短促——兩者相同，這些仔細一想便可理解。

我們已知女性生殖器可喻為風景，高山巨石則為男性生殖器的象徵，而庭園常為女性生殖器的象徵，水果指乳房，而不是指子女。感官興奮且有情欲的人們則喻為野獸，花卉代表女性生殖器，特別是處女的生殖器。關於這一點，你們要記得花卉原本就是植物的生殖器官。

我們都已知道房間的象徵意義。不過這個象徵還可擴大，因此門窗（房間的出入口）可用以指陰戶；房間開閉的意義可以類推，而開房間的鑰匙是男性的象徵。

這僅僅是研究夢的象徵作用的一點材料罷了，當然是不夠完整的；我

們還可以繼續擴充，也可以更加深入；然而，筆者認為已經足夠了；你們也許深感不快，可能會認為：「我真的生活在性的象徵中間嗎？我周圍的一事一物，我所穿戴的衣鞋帽襪及我所接觸的一切難道都僅僅是性的象徵嗎？」這些疑問的確不無理由：既然夢者對於夢的象徵閉口不談，我們究竟如何揣知這些象徵的意義呢？

筆者可以回答：我們的知識來源廣闊，有民間故事和神話傳說，有笑話和戲語，有關於各民族習慣、風俗、格言和歌曲的傳聞，還有詩歌和慣用的俗語等。這些知識來源到處都有相同的象徵，其中有許多意義都不言而喻。假使我們分開考察這些來源，便可發現它與夢的象徵作用有諸多相同之處，讓我們確信我們的解釋是正確的。

我們曾說過，根據施爾納的見解，房屋在夢裡往往為人的象徵；若將此義加以擴充，則窗、大門和小戶都可為體腔出入口的象徵，而屋的正面也可是平滑的或有陽臺和壁架。俗語中也有同樣的象徵，例如，頭髮和毛帽。在解剖學上，凡屬身體的出入口都稱為「戶」或「門」，如陰戶、肛門等。

父母入夢而成王成后：初次聽見，難免覺得奇怪，但在神仙故事中，的確有類似的事實。有許多神仙故事開場便說：「古時有一國王和皇后」，我們難道不知它的意思中同樣是指「古時有一父親和母親」嗎？對家庭生活而言，兒子有時稱為公子，而長子稱為太子。國王稱為「庶民之父」。有時小孩子被戲稱為小動物，例如，在康瓦爾（英格蘭西南部一個郡）被稱為「小蛙」，在德國被稱為「小蟲」，而憐愛孩子，便稱他們為「怪可憐的小蟲」。

現在我們再談談房屋的象徵。房屋突出的各部分在夢裡可作攀登之用，這便暗含一句著名的德國話，德國人在講到胸部特別發達的女人時，便說：「她有可供我們攀登之處。」此外還有一句與此相同的俗話：「在她的屋前有許多木材。」我們曾說木材是女性母親的象徵，從此處似又可以得到證明。

關於木材這個象徵還有許多話可說。以木材來代表女性或母親，那是難以理解的，可是在此我們可以利用各國語言加以比較說明，德語Holz（即木材）和希臘語 υλ 源出同一語根，υλ 意思是原料。由原料的通名最後變為特種材料的名詞，這種由廣為狹的過程實屬普通。在大西洋裡有一個島名叫馬德拉（Madeira）。此名為葡萄牙人發現此島時所定，因為那時島上有茂密的森林，而葡萄牙語「木材」一字為madeira。你們應該知道這個madeira字只是拉丁字materia的變式，而materia則又有原料的意思。materia源出mater（意即母親），製造任何物品的原料都可視為那物品的生母。所以說木材是女人或母親的象徵，我們也只是援用這個字的古義而已。

表示分娩常用與水相關的情況，如入水或出水，即暗含自己分娩或自己出生。我們要記住這個象徵實指雙重進化的事實。不僅人類由水而來，一切陸生動物都從水生動物進化而來——這是關係較遠的一重事實——而每一哺乳動物，每一個人，都在水內經歷第一期的生活，換句話說，作為胚胎時，生活在母親子宮的羊水內——所以分娩時都由水中出世。筆者自然不主張夢者知道此事；而且也覺得他也沒有必要知道此事。也許孩童時期聽人說過，但以為這也和象徵的構成無關。小孩子在幼兒園裡聽說過嬰

兒是鸛鳥帶來的，但是鸛鳥又從哪裡得到嬰兒的呢？得自池中或井內——那又是從水中出來的了；筆者曾經有一個病人，幼小時期（那時他是一位小伯爵）聽到此事，便失蹤了，整個下午都找不到他，等發現他時，他正躺在宅內湖邊，注視著水面，想要看剛出水底的嬰兒。

蘭克曾對神話中英雄的降生作過比較和研究，在這種神話裡——最早為阿卡德的薩爾貢王（King Sargon of Akkad），大約在西元前2300年——棄孩於水內和救孩出水兩種事情佔有重要地位。蘭克明白這就是分娩的象徵，其象徵的方法與夢所應用的相同。任何人若夢見救一個人出水，他便認為這人是他的母親，或任何人的母親；而在神話裡，救孩子出水的總自認是這孩子的生母。曾經有一個笑話，有人問一個聰明的猶太孩子，摩西的生母是誰，孩子就說是「公主」。那人說：「不對啊，公主不過是將孩子從水中抱出來。」孩子說：「那就是她所說的啊。」可見他對於神話解釋得不錯。

出發旅行在夢裡是垂死的象徵。同樣，在幼兒園內，孩子若問一個去世的人到哪裡去了，老師們肯定會照例告訴他那人已「旅遊」去了。詩人也用同樣的象徵；說死境是「旅行家一到、便再也不能回來的烏托邦」。在日常談話中，也往往將死比喻為「最後的旅行」。任何人倘若深知古禮，就不難理解喪儀的隆重性，如在古埃及，往往用所謂《亡靈書》贈給木乃伊，作為其最後旅行的指南。因為墳地和活人的房屋總有一定的距離，所以死者的最後旅行也算是成為真實的事了。

性的象徵也不僅僅屬於夢，你們總應該知道有時候輕浮女人，被戲稱之為「鋪蓋」；這就是一種生殖器的象徵卻無人知曉。《新約》說：「女

人是較脆弱的器皿」。猶太人的聖書，文體頗近於詩，也有頗多性的象徵的表示，這些象徵不常有人瞭解，所以其注釋，例如：在「所羅門之歌」中，曾引起諸多誤會，在後來的希伯來文學中，也常常以房屋喻為女人，用門戶比喻生殖器的出入口；譬如，男子若發現妻子早已失身，就說：「我發現門已開了。」桌子為婦人的象徵也常見於希伯來文學；譬如，有婦人說到她的丈夫：「我為他將桌子擺開，但是他把桌子推翻了。」腿腳不方便的女人，據說是男人「將桌子推翻」了的原因。這些都引自布呂恩的列維的書：《聖經和猶太人法典中性的象徵》（*Sexual Symbolism in the Bible and the Talmud*）。

船在夢裡意指女人，這個象徵也為語源學家所主張，他們說Schiff（德文「船」字）的原義為泥造的器皿，與Schaff（意即木桶或木製器皿）為同一個字。至於火爐意即女人或母親的子宮，從希臘科林斯的珀里安得爾與其妻梅里沙的故事中也可得到證明。據希羅多德的譯文，這個暴君本來很愛他的妻子，但因嫉妒而殺了她，妻子被害後，他看見妻子的影子，他命令影子訴說有關她本人的事，於是那已死的婦人為了證明她的身份，說他（珀里安得爾）「把他的包子放在一個冷火爐之內了」。這是一句隱語，不是第三者所能瞭解的。而克勞斯所編的《不同民族的性生活》（*Anthropophytciia*）是研究各民族性生活的必讀之書，此書講述了某部分德國人給女人接生時，說：「她的火爐已粉碎了。」生火與燒火有關之事都含有性的象徵，火焰代表男生殖器，火灶或火爐則代表女人的子宮。

如果你們因夢中常用山林風景象徵女生殖器而大感震驚，那麼你們讀神話便會明白「地為人母」（Mother Eeath）這句話在古代宗教儀式裡所

佔有的地位非同尋常，而這個象徵也支配著整個關於農業的觀念。至於夢中以房間代表女人，則可在德國的俗語中追溯其起源；德語以Frauenimmer（即婦人的房間）代表Frau（即婦人）。換句話說，人可以用她所居住的房子為代表。又如說到the Porte （土耳其宮廷）意指蘇丹及其政府，而古時埃及的國王法老也僅有「大宮廷」的涵義。（古時東方雙重城門之間的宮廷是集會的地方，如同希臘羅馬時的市場。）不過，這個溯源的推論似乎有些膚淺，依筆者看來，房間之所以象徵女人，就因為它有「人居其內」的性質。我們已瞭解房屋含有此義；根據神話和詩歌看來，我們更可將鎮市、城堡、堡壘、炮臺也比作女人的象徵。現在若研究既不說德語又不懂德語的人的夢，便可證明這一點。近年來筆者所治療的病人，以外國人居多，然而，他們的夢也同樣是代表女人的房子，雖說他們的語言中沒有與德文Frauenzimmer一字相當的字。還有一層，象徵可以超出語言的界限之上，這是從前夢的研究者舒伯特在1862年所主張的。不過筆者所有的外國病人都略懂點德文，因此對於該問題，只好讓分析不懂德文而只曉得本國語言的外國病人的那些分析家去作最後的判斷。

　　關於男性生殖器的象徵，常見於笑話、俗語或詩歌之內，特別是古希臘拉丁的詩。但這些象徵我們不僅夢中所見，而且也可以從各式各樣的工具中看到，尤以鋤和犁為最。關於男性生殖器的象徵，範圍頗大，爭論尤多，為了節省時間，最好存而不論。在此本人僅想對「三」這個數目多說兩句。這個數目因為它的象徵意義被視為神聖，自不必說，但是有許多由三部分組成的自然物如苜蓿葉等，就是因為它們的象徵意義，而被用在盾形紋章和徽章之上。又如，所謂「法國的」三瓣百合花及西西里和人島兩

島所同用的怪徽章「trisceles」（一個由中心點射出的三腳跪著的像）也僅為男性生殖器的化裝，因為古時人們相信生殖器的影像是消災避禍的有力工具；現在所有的護符也可認為是性的象徵。這種護符多以銀質懸飾製成，小巧可人，如四葉苜蓿、豬、香蕈、蹄形鐵物、長梯、掃煙筒等。

四葉苜蓿代替了三葉的，但作為象徵，三葉當然最合適不過；豬是古時豐盛的象徵；香蕈顯然是陽具的象徵，有一種香蕈因為類似陽具，故其學名為Phallus impudicus；馬蹄鐵的輪廓和女性的陰戶相類似；而掃煙筒和長梯則為性交的象徵，因為一般人往往以掃煙筒比擬性交（參考《不同民族的性生活》）。我們已知道長梯入夢乃是性的象徵，而由成語看來，Steigen（意即「升登」）一字實有性的涵意，例如：Den Frauen nachsteigen（意即盯梢女人）和einalter steiger（意即年老的登徒子）。法文表示進行的字為la marche，而un vieux marcheur之意也為年老的登徒子。這個聯想或許是以下列這個事實為根據：有許多大型動物在性交時，雄者須升登雌者背上。

折枝為手淫的象徵，不僅因為折枝的動作猶如手淫，而且在神話裡，二者也有頗多相似之處。但是需要特別注意的是，以掉牙或拔牙為手淫或手淫的懲戒即閹割的象徵；民族故事中也存在相似的事，只是夢者不曾知曉。筆者想，許多民族的割包皮儀式即是閹割的代替。最近才知道澳洲有幾個原始部落在成年時舉行割包皮儀式（即對男童成年的祝賀），而其他附近的部落則代以拔牙儀式。

筆者就用這些事例作結束了。這些僅僅是一些例子；如果不是我們這樣一知半解的人來蒐集這種材料，而是神話學、人類學、語言學和民族學

的真正專家，那麼所蒐集的材料會更豐富和更饒有趣味，而我們對於這個問題，也一定會有更多的瞭解。但是我們不得不下的結論，雖然難免有疏漏的嫌疑，但也夠作為我們思考的材料了。

第一，夢者雖能作一種象徵的表示，然而他對於這種象徵卻一無所知，在清醒的時候，甚至不認識。這個事實未免太奇怪了。就好比你忽然驚悉你的女傭人懂得梵語，雖然你知道她生長在波希米亞一個鄉村內，從未接觸過梵語。這個事實當然不容易和我們的心理學說互相調和。我們只好說夢者所有關於象徵的知識是潛意識的，是附屬於他的潛意識的心理生活；但即使如此假定，也不能給我們太大幫助。我們之前只是假定暫時不知道或永久不知道的潛意識傾向的存在；現在這個問題可更大了，實際上我們不得不相信潛意識的知識、思想關係和不同事物之間的比較，所以常會使一個觀念代替了另一觀念。這些比擬不是次次都要新的材料，而是已經準備好隨時可以應用的；何以見得呢？因為儘管許多民族的語言不同卻都用完全一致的比較。

究竟象徵的知識來源於何處？語言的習慣只能算是這個知識源流的一小部分，其他方面與之相當的事實大多不為夢者所獲悉；因此我們必須首先將這些材料加以整理。

第二，這些象徵的關係並不是夢所特有的，同樣的象徵在神話和神仙故事中也可發現，也見於俗語、民歌、散文和詩歌。象徵的範圍非常廣泛，不過夢的象徵只占了其中一小部分，因此我們不可能由夢入手研究全部象徵問題。有許多象徵常見於其他處，但不見於夢，或即使見於夢，次數也屈指可數；反過來說，有許多夢的象徵也僅僅是偶爾見於他處，這是

我們已經知道的。我們因此深感象徵是一種古用今廢的表示方式，而這種方式的斷片，一鱗半爪，在各方面稍微改變其形式而已。於是，筆者不禁想起一個很有趣味的精神病人的幻想，他認為世間必存在一種所謂的「原始語言」，所有這些象徵都是這種原始語言的遺物。

第三，你們必定以為其他方面的象徵都不以性的問題為限，而夢的象徵為什麼都是代表性的對象和性的關係呢？這個問題也是很難解釋的。我們能否假定原屬於性的象徵後來被用於其他方面，或這方面的象徵方式降低為他種表示的方式呢？這些問題僅僅根據夢的象徵顯然都不能解答的。我們只能堅決主張真正的象徵和性有著特殊密切的關係。

關於這一層，我們最好請教一位語言學家烏普薩拉的斯珀伯（他的研究不受精神分析所影響），根據他的意見，性的需要在語言的起源和發展中佔有舉足輕重的地位。他說，在進化上動物最早的聲音即是作為召喚異性伴侶的工具，在後來的發展中，語言的元素就成為原始人工作時所伴發的聲音。這種有節奏的聲音既和工作產生聯想，於是工作也帶有性的趣味了。因此原始人好像是以工作作為性的活動的代替，進而使工作較為愉快。而工作時所發出的字音便有雙重意義，一方面和性的動作有關，另一方面則和勞動有關。久而久之，字音逐漸失去了性的意義和原始的用法。幾代之後，有關性的意義的另一新字亦是如此，於是此字也改用於新的工作方面。由此才產生許多基礎字，這些基礎字最初本屬於性，只是後來失去了性的意義。倘若這種說法沒錯，那麼我們至少就有用它作為解夢的一種可能性。夢本身保留著這些原始情形的一部分，那麼夢內為什麼有這麼多的性的象徵，而武器和工具為什麼代替男性，材料和事物為什麼代表女

性，我們也就不難理解了。於是象徵的關係也可視為古字相同的遺意；例如，古時一度和生殖器同名的事物現在可入夢而為生殖器的象徵。

　　進一步講，我們所有和夢的象徵相平行的事實，可以使你們瞭解精神分析何以引起普遍的興趣，而心理學和精神病學卻不能得到；精神分析的研究和許多其他學科——如神話學、語言學、民俗學、民族心理學及宗教學——有著很緊密的關係，而研究的結果又給予這些學科更有價值的結論。假如你們聽到精神分析學家寫出了一本書，以促進這些關係為唯一目的，你們不必為此吃驚。筆者指的是《初戀對象》（Imago），它在1912年初版，編者為薩克斯和蘭克。精神分析和其他學科的關係，是給予多於接受。精神分析所有看來令人驚奇的結果雖受其他方面的證實而收穫豐厚；但是總體而言，正是精神分析給這些學科提供了有實效地研究方法和觀點。人類個體的精神生活接受精神分析的研究，人群的許多生活之謎都可用其所產生的結果來解決，或者至少也可以給這些問題解決的希望。

　　至於對那假定的所謂「原始語言」或以此為主要表示的精神病究竟情況，可以有深刻的瞭解，本人卻尚未提起。只要你們不知道這一層，領會這整個問題的真義就比較難。神經病的材料可求之於神經病患者的症狀和其種種表現方式，精神分析就是要對這些現象加以解釋和治療。

　　最後一個觀點，讓我們又重新回到出發點而將舊話重提。我們曾說夢者即使沒有夢的檢查作用，夢的解釋也很困難，因為那時我們須將夢的象徵翻譯成日常的語言。所以，象徵作用乃是夢的偽裝的第二個獨立因素，與檢查作用並存。檢查作用也樂於利用象徵，這個結論是清晰可見的，因為二者的共同目的就是使夢變得奇異而難解。

在對夢作進一步研究之後，能否發現偽裝作用的另一因素，我們立即可以知道。不過在結束夢的象徵作用的問題之前，有必要再提一下這個奇怪的事實，那就是，神話、宗教、藝術和語言雖毫無疑問地充滿象徵，可是夢的象徵作用卻引起受教育者的強烈反對。這不又是因為象徵和性的關係這一原因引起的嗎？

與一個小女孩的幾次交談

榮格

在這幾次講演裡，我僅限於向大家介紹精神分析性質的一般情況。若對精神分析的方法和理論作詳細的討論本身需要大量的病例材料，解釋這些材料就要對整個廣博的見解有所褒貶。但為了提供給大家一些精神分析治療實際過程的意見，我決定採用一個病例對一個11歲女孩作精神分析。這個病例是由我的助手Mary Maltzer小姐分析的。我必須先做說明，這個病例也和任何一個人不能作為其他所有人的代表一樣，其分析的過程和時間並不具有典型性。沒有比精神分析更難抽象出一般的有效規則了，所以最好不要做過多的公式化說明。我們絕不能忘記，即使衝突和情結有很大的相同性，但每個病例是獨特的，因為每一個人是獨特的。每個病例要求分析者的單獨關注，而每個病例的分析過程又是迥然不同的。

因此，在介紹這個病例的時候，我提供了無限變化的精神世界的一個小的片斷，它顯示了這些以所謂機遇的怪念頭進入到我們生活中而呈現古怪無常的特性。對於任何更有趣的精神分析細節，我並不想過多保留，也不願造成精神分析是嚴格的形式主義方法的印象。科學要求研究者總是努力尋求能把握住活生生事物的規則和分類。與此同時，分析者和觀察者必須避開固定程序，讓生動的現實以其豐富的無控制狀態作用於他。對於這

個病例，我將試圖提供給大家一個完全自然的背景下的分析，並且希望能夠成功地向大家表明，該分析的開展與純粹理論上所期待的情況是多麼不同！

一個11歲女孩的問題是該病例討論的重點，她出身於很好的家庭。

病歷

臨床歷史：有幾次由於頭痛、噁心不得已離開學校，被迫臥床。有幾次早晨賴床不肯上學。常被噩夢纏繞、憂鬱，而且沒有安全感。我告訴了她母親。她向我求教，這是不是精神官能症的象徵？是否有一些特殊的事隱藏在背後需要向孩子詢問？這種推測並不是憑空想像，因為每個細心的觀察者都會發現，倘若孩子如此不安且脾氣不好，必定被什麼事困擾著。

下面是孩子向其母親坦白的事情。她喜歡上一個老師，對他非常迷戀。上學期她的功課落後了，她想自己一定讓老師失望了。之後在他的課堂上她感到噁心。她不僅覺得和她的老師產生了距離，甚至對他還有些敵意。她把她的全部友情都轉移到一個窮男孩身上，她經常將帶到學校去的麵包和該男孩分享。她現在還給他錢，使他能給自己買麵包吃。有一次，在她和這個男孩聊天時，她開玩笑地稱她的老師為山羊。這個男孩越來越愛慕她，並且認為自己從她那裡要一些錢作為偶爾的貢禮是應該的。這樣她開始害怕這個男孩會將她稱男老師為山羊的事告訴他。她答應，如果男孩向她正式保證絕不對老師講任何事的話，她給他兩個法郎。從那時起，這個男孩便開始勒索她：他威脅地向她要錢，他在上學的路上騷擾她。於是，她陷於絕望中。她的病與這件事有緊密的聯繫。然而，在這件事已經

承認而得到妥善解決之後，她的心仍沒有像我們所期待的那樣恢復平靜。

正如我早前在各演講中所提到的，往往只是一個痛苦插曲的敘述就有了良好的治療效果。一般它持續的時間不長，儘管有時也保持很長時間。這樣的自白從開始分析時起，自然經過了很長的一段路，可是現在有許多神經專家認為該分析僅僅是某種廣泛的回憶或自白而已。

時間過去不久，該女孩的咳嗽更加厲害，有一天沒去上學。第二天，她到學校去，並且感覺很好。第三天又開始咳嗽起來，同時左邊胸疼痛，還伴有發燒、嘔吐。醫生擔心是肺炎。可是第四天一切症狀又都消失了，她感覺很好，沒有發燒和噁心的跡象。

可我們的小病人依舊哭泣而賴床不起。從這些奇怪的事情中，我懷疑她患的是嚴重的精神官能症，因而建議進行分析治療。

第一次交談

小女孩看起來神經質且不自然。有時不滿意地勉強笑一笑。她第一次有機會談一談臥床後的感受。我們瞭解到，由於臥床讓她的心情特別好，因為一直有人陪著她。每個人都來看望她，而且媽媽能讀書給她聽，使她特別高興。書中有一個故事：一個王子患病，只有他的願望得到滿足時，他的病才好轉。他的願望是他的一個小朋友、窮困的男孩能留在他身旁。

由於這個故事和她自己小小的戀愛，以及與她的疾病有必然的聯繫，顯然對她有所觸動，她開始哭泣，她說她願意和其他孩子一起玩，她說她最怕會離開夥伴。她又說她想去找夥伴，這個要求立刻被允許了。我們讓她去找，但她立刻又回來，有些沮喪。我們安慰了她一陣。對她說，在家

裡等，夥伴來看她也很好，不去就不去吧。剛才想去也不錯。

第二次交談

第二次交談時她明顯放鬆了許多，也能控制自己的感情了。我們之間的談話被引向那個老師，當其談到老師時，顯得很困窘。最後她羞怯地承認她特別喜歡這個老師。我們向她作了解釋：她沒有必要為這件事羞愧，愛老師目的是想學好功課，這不是錯誤。「那麼我可以喜歡他了？」小病人高興地問。

這個解釋證明這孩子選擇她愛的對象是正確的。但是，她曾經害怕承認她對那個老師的感情。為什麼會這樣，這很難解釋。以往設想利比多用在家庭以外的人身上不容易，因為它仍受著亂倫桎梏的羈絆——當然，這似乎是一個十分合理的解釋，而且也很難從該看法上撤離。值得一提的是，這個小女孩的利比多已經強烈地佔有過一個窮孩子，而那個窮孩子照樣是家庭以外的人。所以這個困難不在於利比多向家庭以外的對象轉移，而是另有其他原因。對女孩來說，愛這個老師是困難的。這比愛那男孩對她的約束多得多。愛那男孩從她這方面並不需要任何道德上的努力。這給分析帶來這樣的暗示：女孩要盡最大努力，突破種種阻力才能面對自己在這件事情上，適應她和老師的關係。

假如利比多從必要的任務撤回，完全歸咎於人的惰性，這不僅僅是兒童的特點，也是原始人和野獸的特點。原始人的遲鈍和懶散是不去努力適應的主要原因。所以，沒有利用的利比多就停滯不動，之後無可避免地就會回到之前的目標或適應模式，其結果是亂倫情緒異常活躍。此處，利比

多從如此難以獲得並且如此難以達到目標撤回，隨之用一個容易的目標代替，最後代之以最容易的——兒童的幻想，繼而精心編造成純粹的亂倫幻想。任何時間遇到心理適應的障礙，我們總會發現這些幻想的過分發展，這個正如我之前所指出的事實，必須同樣地設想為是一種回歸現象。換句話說，這亂倫的幻想是居次要地位的，沒有病因論的意義。而最主要的原因是人性對各種努力的阻力。因此，從某種任務撤退不能解釋為這個人喜歡對這種亂倫的關係胡思亂想，而只能說他撤回到這種關係是由於其避開努力。否則我們就必須說對有意識努力的阻力與對亂倫關係的喜愛是一回事。這顯然是沒有任何意義的。因為不僅原始人，就連野獸也強烈地討厭一切故意的努力，在情況驅策他行動之前，他們陷入絕對的懶惰狀態而不能自拔。無論是原始人還是野獸，都不能斷言其對亂倫關係的喜愛是厭惡適應努力的原因，尤其是野獸，根本就無所謂亂倫問題。

從特徵上看，該小病人後來表現得很開心了，並不是老師盡了最大努力，而是她被允許去愛那個老師。因為這對於她的要求最合適不過，而這是她第一次聽說的。由於證實了她愛這老師是合理的——儘管她並沒有先做任何努力，但她的病情由此減輕了。

談話隨後進行到男孩對她勒索的事情上。對此她又說得很詳細。我們進一步得知，她曾試圖打開錢匣取錢，當她打不開時又想從母親那裡偷來鑰匙。她並吐露了其他事情的詳情；她曾嘲弄過這老師，因為他對其他女孩要比對她更好。但她的確沒有學好這老師的課程，尤其是數學。有一次，她根本沒有聽懂，但擔心失掉這老師對她的尊重而沒敢去問，結果做錯了，成績落後，真的失掉了老師對她的尊重。這更使她產生對老師非常

不滿的心理。

　　大約就在這個時候，她們班上的一個女同學因病送回家了。不久後，她也發生了同樣的事情，她試圖用這種方法離開她不再喜歡的學校。失掉老師的尊重，一方面使得她輕慢那個老師；另一方面，導致與小男孩的戀愛，很明顯是作為失掉與老師關係的一種補償。現在給予她的解釋是一個簡單的暗示：如果她能及時地提出疑問，下功夫學好她所喜愛老師的功課，她會使這老師對她的看法轉變。我可以補充一句，這種暗示發揮了良好的效果。從那時起，這個小女孩沒耽誤更多的數學課，最終變成了很優秀的學生。

　　在勒索的故事裡需要強調一點，就是有強迫的特點並且對這女孩欠缺自由。這是一個很尋常的現象，任何人當允許他的利比多從必要的任務撤回時，這利比多就不由自主而發，不顧主體的反對，選擇自己的目標，並執著地追逐它。因此，對於一個人很常見的現象：懶惰的、呆板和嚴肅的生活導向更加容易強制利比多。換句話說，導向各種恐懼和受不由自主的限制。最好的證明就是原始人的恐懼和迷信；我們自己文明的歷史，特別是古代文明，也同樣提供了大量的證據。沒有利用的利比多是難以控制的。我們絕不能相信經過勉強的努力控制利比多，就可以永遠懶惰。我們只是在極有限的範圍內有意識地給利比多安排任務；其他自然的任務都是由利比多自己自主選擇，毫無疑問，這就是給它的。如果這些任務被免除，即使最勤奮的生活也毫無用處，因為我們必須考慮人性的全部條件。無數由於工作過於勞累而引發的神經衰弱可以追蹤到該因素，因為工作耗費於內部衝突中造成神經疲憊。

第三次交談

小病人敘述了她5歲時做過的一個夢，該夢造成了她永遠難以忘懷的印象。「我一生也不會忘記這個夢。」她說。（我願在此插一句，這樣的夢具有極特殊的重要性。夢自然地留在記憶中的時間越長，它的重要性就越大。）夢境是：「我和我的哥哥正在樹林中尋找草莓，一隻狼向我撲來。我拼命逃上一個樓梯，狼在我身後窮追不捨，我掉落下來，狼咬住了我的腿。而我在極度恐懼中醒來。」

在我接納這小女孩給予我們的聯想以前，我試圖針對這個夢可能存在的內容產生一個隨意的見解，然後再看怎樣才能將我們的結果與孩子給予的聯想對比。這個夢的開頭使我們想起那大家都熟悉的童話故事——小紅帽。當然，每個小孩子都知道這個故事。狼先吃了祖母，然後變成了祖母的模樣，小紅帽來看祖母，狼又吃掉了她。可是獵人殺死了狼，剖開它的肚皮，小紅帽又健康完好地跳了出來。

這是約拿書中聖經故事的主題，在全世界無數的童話故事中都能找到。隱藏在它後面的直接意義是占星和神話：太陽被海怪物吞掉，在早晨又被生出來。當然，整個占星神話實際是心理學（無意識的心理學）向天空的伸展，與其他無關。因為神話並不是有意識製造的，它是由人的無意識產生。這就是有時自始就相互隔離的種族其神話形式竟神奇般地相似或一致的原因。譬如，相當獨立的基督教其十字架卻不尋常地分佈，在這方面美洲有十分值得注意的例子。不可能想像神話只是為了解釋氣象或天文的過程而創造。它首先是無意識衝動的顯示，正好與夢相比擬。或許這些

就是受到無意識層的回歸的利比多推動的結果。這些被人們瞭解到的材料就是兒童天生的材料——與亂倫情緒相聯繫的幻想。如此，在所有的這些所謂太陽神話中，我們都能很容易地找到兒童關於生育、出生和亂倫關係的看法。在小紅帽的童話故事中，就是這樣的幻想：母親必須要吃一些小孩子之類的東西，這樣小孩子就會透過切開母親的身體而來到這個世界。這是最普遍的幻想之一，在世界各地也都能找到。

根據普通心理學所做的考慮得出的結論：小女孩在她的夢裡詳細描述了生育和出生的問題。例如，關於狼，我們有必要把它擺在父親的位置，因為孩子無意識地將任何對母親粗暴的行為歸咎於父親。這個主題也是以無數涉及侵犯母親的神話為基礎的。至於關於神話的相似之處，請大家多注意鮑亞士（Boas）的著作，有大量美國印第安人的冒險故事都在其中。還有費羅貝尼烏斯（Frobenius）的書，再者是亞伯拉罕（Abraham）、蘭克（Rank）、黎克林（Riklin）、瓊斯（Jones）、佛洛伊德（Freud）、麥阿德（Maeder）、西爾帕爾（Silberer）和斯比爾林（Spielrein）的著作及我本人在《變形的象徵》中的研究成果。

在此，為了理論上的原因（我們還沒有進入具體的治療），我作了這一番評論之後，我們再繼續看這孩子關於她的夢向我們傳達什麼意思。關於她自己的夢是可以隨心所欲地講述的，沒有受任何方式的影響。她首先講了狼咬其腿的夢，並且解釋說，曾經有一個婦女講，她自己有個孩子曾被鸛啄傷，她甚至還指出了被啄的地方。這種表示在瑞士是很普遍的性交和出生的不同的象徵形式。此時，我們的解釋與這孩子的聯想過程之間非常相似。因為她最初在完全沒有影響的情況下，產生的聯想回到了此前我

們根據理論推測出的問題。我知道，在精神分析的文獻中，有無數的病例（它明確地未受影響）沒能消除我們的批評者們說我們向病人暗示了我們的解釋的爭論。這個病例也同樣說服不了那誠心將初學者疏忽的錯誤強加給我們的人；還有更甚者，說我們是偽造事實的人。

針對女孩的聯想，我們問小病人：「這狼使你想到了什麼？」她回答：「我想到發怒時的父親。」這也完全符合我們在理論上考慮到的事。也許有人反對，認為這些考慮是為了某種目的作藉口，因而沒有普遍的效力。我想，當這些人一旦具備了必要的精神分析學的和神話學的知識，這些反對意見就會自動消失。假說的效力只有在正確知識的基礎上才能看到，否則就行不通。

小女孩的想像先是把鸛置於狼的地位。這對狼的聯想又把我們引向她的爸爸。在流行的神話中，鸛代表父親，因為他帶來孩子。在神話故事中狼代表母親，在夢中狼是父親。神話故事和夢之間的明顯的矛盾無論對夢還是對做夢的人都無關大體。因此，詳細的解釋在我們分析中可以省略。在我的著作中本人曾討論過兩性象徵的問題。如你們所知，在羅繆盧斯（Romulus）和瑞摩斯（Remus）的傳說中，兩個野獸，鳥比卡斯（Picus）和狼都上升到父母的行列。

所以女孩在夢中對狼的恐懼即是她對父親的恐懼。做夢人解釋因為父親對她十分嚴厲，她怕她的父親。她的父親曾對她講，做夢是因為我們做了錯事。她就反問父親：「可是媽媽做了什麼錯事？她也總是做噩夢。」有一次，她吸吮手指被父親打了一巴掌，可是依舊我行我素。或許這就是她做的錯事？不可能，因為吸吮手指已不太適合她這樣的年齡，她已經上

學了，在她們這樣年齡的孩子差不多不吸吮手指了，因此就激怒了父親，以致動手來懲罰她！我們還知道，按她自己的道德觀念，還有一種更為嚴重的「罪惡」沒有承認，她曾引誘一些同齡的女孩互相手淫。

原來是由於這種性的興趣，她怕她的父親。這時我們一定能想起，在她5歲的時候做過狼的噩夢。而在那時手淫的情況尚未發生。因此我們有必要把她與其他女孩之間的事情最多看做是她現在怕父親的一個原因，但這不能解釋她早年的恐懼。即使如此，一些無意識的性願望我們依然可以在曾有過一些類似的、帶有方才提到的禁戒行為心理狀態中發現。這些行為的特性和道德評價對於孩子比對於成人自然是更無意識的。為了瞭解是什麼原因能在早期就給女孩造成一個性的印象，我們不得不問在她5歲時發生了什麼事。原來，在這一年裡，她的小弟弟來到了這個世界。甚至那時她也怕她的父親。已經討論的聯想向我們表明了在她的性興趣和她的恐懼間明顯的聯繫。

性的問題，其性質聯繫到愉快的實在感覺，在狼的噩夢中卻出現了恐懼的形式，很明顯，她的父親待她不好，他是道德教育的代表。所以，這夢帶給她最初印象深的性問題的表現，顯然它是受到最近弟弟的出生所激勵。可由於性的問題完全與肉體某種愉快感覺的歷史相聯繫，而對此教育又貶之為「壞習慣」，它就只能偽裝成道德犯罪和恐懼的形式表現了。

這種解釋，雖然貌似合理，可是在我看來卻是無比膚淺且不適用。我們把全部困難歸咎於道德教育是不可取的，根據這未經證明的設想，認為教育可導致精神官能症。另外，道德法規本身也不應看做是必需抵制的罪惡，依據人們內心願望來看，它還是十分必要的。道德法規實際上是人天

生的統治和管理自己的強烈願望的外部表現。這種對教養和文化的衝動隨著人類進化歷史消失於那朦朧的、不可測的深處，這些都永遠不能被認為是外界所加的法律的結果。人遵從自己的本能，創造了他們的法律。假如我們只考慮教育的道德影響，我們就永遠不能理解孩子對性問題恐懼和吃驚的原因。真正的原因在於更深處，那就是在人性的自身，也許在於天性和文化間，或是個人意識與集體感覺間的悲劇性衝突。

當然，針對這個問題給孩子一種更高的哲學方面的觀念將沒有任何意義，它肯定不會有絲毫效果，只須改變她那認為對生命的生育感興趣就是做了什麼錯事的觀念，使她明白對生育問題感興趣和好奇並不是件壞事，她沒有理由的恐懼，只是把本該愉快的心情，向相反的方向轉化就夠了。手淫的事應予以寬容的理解，討論應只限於孩子性興趣的無意識上。同時，還要對她進行解釋，她的性活動主要是出於好奇心的一種發洩方法，對此她可以用其他更好的方法得到滿足。她對其父親的巨大恐懼表現了同樣的巨大期望，因為她弟弟的出生是與生育問題密切相連的。這些解釋證明這孩子的好奇心是合理的，用這種方法，大部分道德衝突都被消除了。

第四次交談

現在，小女孩對我們更親切、更加信任。以往那種局促和不自然的狀態完全消失了。她提起在上次交談後做的一個夢：「我像教堂的尖頂一樣高，能看到每一棟房子，在我腳下有一個如同花朵一般很小的孩子。後來出現了一個員警。我對他講：『如果你敢說我一句，我就拿你的劍割下你的頭！』」

正當我準備分析這個夢時，她又發表了自己的感想：「我想，既然我長得比父親還高，那員警就得服從我嘛。」她立刻就把員警和父親聯想到一起。她父親曾是個軍人，當然，曾配過劍。這夢清晰地滿足了她的願望。她與教堂尖頂一樣高，遠遠高過她的父親，而且如果那員警敢說，她就要砍他的頭。這夢也滿足了孩子希望長大爬高處玩耍本性的願望。在這個夢裡，她克服了對父親的恐懼，自此我們可以期待，她在個人自由和安全感方面將會有重大的改進。

在理論方面，我們可以把這個夢看做是一個能清楚說明夢的補償意義，以及目的論功能的範例。如此的夢必須讓做夢人對自己的人格價值有提高的感覺，這對她個人的幸福將是至關重要的，至於夢的象徵意義對孩子的意識不清楚是無關緊要的，因為象徵的情感效果不決定於意識的理解，它更多的是直接知識的問題。來源於知識的所有宗教象徵都獲得了它的效力。這裡不需要意識的理解，它直接地影響信徒的心靈。

第五次和第六次交談

下面是小女孩做的另一個夢：「我和全家人站在屋頂上，在山谷另一邊房子的窗子照耀得像火，升起的太陽反射在它上面。突然，我看到我們街上房角真的起火了。火焰由遠到近，而且吞沒了我們的房子。我跑到街上，母親在我後面扔下家裡所有的東西。我張開我的圍裙。她還扔給我一個洋娃娃。我看到我家房子的石頭在燃燒，但木頭仍保持原樣未動。」

在分析這個夢的時候出現了特殊的困難，因此不得不延長了兩次以上座談的時間。描述這個夢提出的全部材料可能會使我們偏離主題太遠，因

此我必須把自己限制在最重要的內容上。最明顯的聯想是從房子的石頭著火而不是木頭這特殊的意象開始的。有時，特別是分析長夢的時候，很值得選擇最顯著的意象並從它開始著手。倒不是說有固定的規定，只不過是為了縮減敘述，根據實際需要這樣做是可行的。

「這真奇怪，像是在神話故事中。」小病人如此說。我們向她表明神話故事總是有一種意義，並向她舉了幾個例子。「並不是所有的神話故事。」她反對說：「例如，睡美人的故事，能有什麼意義呢？」我們又向她作了解釋，睡美人必須在魔法催眠下等待上百年才能被解救。英雄為了愛情，克服了一切困難並且勇敢地突破荊棘圍障才能解救她。如此一來，一個人往往必須等待很長時間才能達到其內心的願望。

這種解釋符合了這孩子的理解，另一方面也與這神仙故事的主題完全一致。睡美人的故事明顯地與古代春天和富饒的神話相聯繫，暗含著與11歲比較早熟的小姑娘心理狀態密切相連的問題。這是一個傳奇的套式，一個未婚女子，由龍來守護，被英雄解救。除了想著手解釋這個神話之外，我願強調一下古冰島詩集中顯示的天文學和氣象學成分。以少女形式出現的大地成了冬天的囚犯，被冰雪覆蓋，年輕的春太陽，如熱情似火的英雄，將她從寒冷的牢獄中解救出來。她在寒冷的牢獄中等待了很久，等待她的拯救者。

小女孩說睡美人的故事毫無意義，那是因為她不理解這個神話故事的寓意，不能因此也說房子燃燒的夢中意象也無意義。所以，她只是談到，「這是奇怪的，如同在神仙故事中。」在她看來，石頭燃燒是完全不可能的事，毫無意義可言，因此才像是一個神仙故事。我們向其作了解釋，給

她指明，「不可能」和「像一個神仙故事」的概念上只是部分相同，神仙故事還有諸多其他意義。儘管這特定的神仙故事，根據這隨意提起的情況，似乎與夢沒有什麼交叉點，可是它的確是在分析夢時出現的，儘管富有偶然性，可是也引起了特殊的關注。雖然例子是無意識提供的，偶然發生的可能性不大，但是在那個時刻卻具有當時狀態的某些特徵。在分析夢時，我們必須尋找出這些貌似意外的事件，因為在心理學上沒有盲目的事件，雖然我們總傾向於把這些事情設想成純係偶然事件。然而，對於我們的批評意見你想聽多少有多少；可是對於真正科學的思想，只能是有因果關係的而沒有意外事件。從小女孩選擇睡美人作例子這件事情上，我們必須得出結論，這樣做在這孩子心理上有其主要原因。原因就是小女孩將自己和神話故事裡睡夢人的某些片段等同起來。換句話說，在這小女孩精神上有一個情結，它可以在睡美人的神話中得到體現。我們在給小孩解釋時已考慮到了這個推論。

即便如此，她還是不太滿意，仍然懷疑神話故事具有意義。作為難以理解的神話故事，她提到了另一個例子——白雪公主。她長眠於封閉的玻璃棺中。大家不難看出，白雪公主和睡美人一樣，屬於同一類型的神話。它包含著甚至更清晰的季節神話的象徵。這孩子選擇的神話材料表明她用直覺與大地相比。這大地被冬日的嚴寒緊緊包裹，期待前來解救的春太陽。

第二個例子證實了第一個例子和我們做的解釋。認為強調了第一例的意義，並且作了提示，進而才引出第二例，此種看法是不成立的。小女孩提出了把白雪公主作為另一個沒有意義的神話故事的例子，證明在她心裡

白雪公主和睡美人是相同的。於是我們可以推測，這白雪公主和睡美人一樣，在女孩身上起源於相同的無意識來源，即起源於一個情結，與對未來事件的期待相關，正好可以和大地從冬天的囚禁中被釋放與春太陽的光線使它滋育相比。正如大家所知，自古滋潤世界萬物的春太陽總被聯想為公牛（具體體現強大生育力的野獸）的象徵。雖然我們目前看不到這些見解與夢之間的聯繫，可是我們應該把握住我們所得到的知識並繼續進行我們的分析。

根據她的第一個聯想「小女孩用自己的裙子接到洋娃娃」，我們推測在夢中，她的姿態和整個情況提醒她想起了一幅她知道的畫。畫中有一隻鸛在山谷上盤旋，有一女孩在街上站著，小女孩張著裙子向鸛喊：「請你帶給我一個娃娃吧。」她補充說，她早就希望有個小弟弟或小妹妹。這些自發提供的材料，很顯然與已經討論的神話主題有關。因此，這個夢實際上關係到同樣被喚醒了的生殖本能的問題。當然，對於這些聯想我們從未在小女孩面前提及。

接著，她停頓一下，突然又表述了下一個聯想。

「在我5歲的時候，有一次，我躺在街上，一輛自行車在我肚子上壓了過去。」這是難以置信的事，由此可以判斷，女孩的幻想反映女孩患有記憶錯亂症。因為所知這類事從沒有發生過。不過，除此之外，我們在學校聽說這個小女孩常和同學相互橫躺在身上，並用她們的腿相互踐踏。

讀過佛洛伊德和我出版的兒童分析著作的讀者，都會承認在兒童遊戲中有相同的踩躪的基本主題。對此，我們認為一定有一種性的潛在情緒。這種觀點表明在我早期著作中，現在被我們小病人的下一個聯想所證實：

「與洋娃娃比起來，我更想要一個真娃娃。」

我們要特別注意，由關於鸛的幻想顯示出來的所有這些材料，都使人聯想到兒童性學說典型的起源，這向我們表明，小女孩的幻想其實是圍繞著這個主旨轉動的。

在神話中，可能會找到大家興趣知道的這踐踏或蹂躪的主題。在我的著作論利比多中曾對此作了引證。這些兒童幻想在夢中的運用、關於騎自行車人的記憶錯亂及在睡美人的主題中所表現的急切的期待，都表明兒童內心的興趣集中於某個必須解決的問題。或許生育問題吸引了她的利比多，這成了她在學校興趣減退的原因，因此她的功課落後。這個問題往往令青春期的女孩迷醉，我可以在一個專門的病例（《向傳說心理學的一篇投稿》）中向大家指出，兒童中的猥褻談話及互相啟蒙的嘗試，其結果自然是極淫藝的，往往是導致兒童美好生活憧憬的破滅。即使十分謹慎的加以防範，也阻止不了他們哪天會搞些什麼祕密「活動」；甚至可能是極骯髒的情況。對兒童最好在適當的時間讓他們清楚地瞭解生活本質；如此一來可以設法避免其學友以醜惡的方式來誘導他們。

這些和其他一些徵兆都表明某些性啟蒙時刻即將到來。小女孩全神貫注地聽了我們隨後的談話，然後極其認真地問道：「那我真的不能有小孩了嗎？」這個問題引出了關於性成熟的解釋。

第七次交談

小女孩開始談到她完全瞭解，她現在還不可能有一個小孩的原因，因此她放棄所有這些想法。可是效果並不理想，她竟然對老師撒起謊來。上

學遲到成了習以為常的事情，她對老師講，與父親到某地去所以才來晚。事實上，她由於太懶而賴床不起。她撒謊是因為她擔心因承認實情而失掉老師對她的喜愛。於是發生這種治療過程中的突然失敗，大家需要一種解釋。根據精神分析的原則，突然的或明顯的削弱只能發生在接受分析人沒有從分析中得到當時所需的結論時，但仍在為其他可能性敞開著大門。在我們這個病例中，意味著，經由分析，明顯地已使利比多表露出來，所以能出現一種個性的改進，然而由於某些原因並不太符合，導致利比多又開始沿著原有的回歸途徑往回滑動。

第八次交談

第八次談話證實，我們的病人沒有證據能證明關於其性觀念或與分析者性成熟的解釋相抵觸。她沒有談到在學校裡流傳的謠言，即一個11歲的女孩和一個同齡的男孩有了一個孩子。這個傳言被證明是毫無根據的，它僅僅是一個幻想，為滿足這個年齡段女孩的祕密希望。如同我在關於謠傳心理學的文章中試圖表明的那樣，謠傳的開始往往如此。它是無意識的幻想，在這個作用上它類似夢和神話。這種荒誕的說法只是使心理的障礙透過幻想而打通：她無需等待，在她11歲的時候她已經就能有一個孩子。謠傳和分析者解釋的矛盾造成了對解釋的阻力，其結果是解釋立刻被貶低；同時導致其他一切知識和教導都歸於無用，從而產生了暫時的懷疑和不信任感。利比多隨即選取它以往的途徑並進行回歸。這就是復發的時刻。

第九次交談

有關性問題的往事在這次談話時又提供了一些重要線索。首先，談到夢的一個重要片斷：「我和小夥伴在林中的一塊開墾地上，周圍都是美麗的樅樹，開始下雨，電閃雷鳴，天漸漸地暗起來。這時，我突然看到一隻鸛在天空飛翔。」

在開始分析該夢之前，我必須提到它與某些神話觀念的相似。任何熟悉孔恩（Adalbeer Kuhn）和史坦塔爾（Steinthal）著作的人，完全不會對雷雨和鸛的奇怪結合感到驚奇。因為自古以來，雷雨就有大地受孕的意思，這是天空父親和大地母親的結合。在那裡，閃電接替了長翅膀的生殖器的統治。飛翔的鸛是同樣的東西———一個長翅膀的生殖器。它的心理與性的意義是每個孩子都清楚的。但是雷雨的心理與性的意義並非人人皆知，眼前的小病人肯定不知道。根據之前所描述過的全部心理族群來看，對鸛在人的意念中的心理和性的解釋，以及雷雨與鸛的聯繫具有的心理和性的意義，看來一開始就叫人難以接受。不過，當我們回憶起精神分析研究已經在無意識精神產物中發現了大量的純神話的聯想時，我們可能會得出結論：在這個病例中，兩種意象間的精神和性的聯繫也存在著。我們從其他經驗中獲知，這些曾導致過神話形成的無意識層在現代的個人身上依舊活躍並且還能不停地產生。僅僅限於在夢中或精神官能症及精神病的症狀中產生，因為在現代人心中，現實的校正是這樣有力，以致阻止了它投到真實世界。

讓我們重新返回到對夢的解析：引導到意象中心內容的聯想是從雷

雨的意念開始的。她實際的話是這樣：「我想到水——我叔叔是溺水而亡——像那樣淹在水裡必定是極可怕的，可在漆黑的天——娃娃會不會也溺在水裡？不是在肚子裡喝了水嗎？奇怪，在我生病時，媽媽把我的水送給醫生，我想他是往裡摻什麼糖漿之類的東西，它使娃娃長大，媽媽必須喝它。」

經過這個聯想的線索，大家可以一目了然，女孩將心理和性的觀念，特別是有關生育的觀念和雷雨中的雨聯繫到了一起。在此，我們還可以發現神話與現代個人幻想間有明顯的相似之處。在象徵的聯繫中，這一系列的聯想是如此豐富，甚至足夠能寫出一大篇論文。溺水的象徵被小孩子天真地解釋為懷孕的幻想，這與精神分析文獻中早已作過的解釋不謀而合。

第十次交談

第十次談話仍然探討女孩自發描述的有關生育的幼稚理論，鑑於此，我們可以將已經解決的問題暫放一邊。這個小女孩總認為是男人的尿進入女人的身體，最後在肚子裡面發育成胚胎。所以小孩從開始就在水中生活，也就是在尿中。另一種說法是尿隨著醫生給的糖漿喝下去，於是小孩在母親的腦袋裡長大，小孩越長越大，母親的腦袋忍受不了，於是便裂開，母親就會戴一頂帽子將頭裹起來。小女孩用一張小圖說明這些，圖上畫著一個小孩從腦袋出生。這個觀念是原始的而且是非常神話式的。我只需要提醒我們智慧女神雅典娜（Pallas Athene）的出生，就是由她父親的腦袋裡孕育而生。尿的孕育意義也是神話的。這在吠陀經典RigVeda讚美詩集Rudra歌中可找到合理的證明。在此還有說明一下她母親證實的一些事情，

就是遠在分析以前，有一次，這個小女孩宣佈，她曾看到過一個玩具小人在她的弟弟的腦袋裡跳舞，這是一個可能成為出生理論起源的幻想。

在蘇門答臘的巴塔克古蹟中發現的某些人工製品與這張畫有明顯的密切關係。它們被稱為魔杖或始祖柱，其中有很多形體一個接一個地腳踩頭頂羅列起來。巴塔克古蹟自身為柱作了解釋，而通常把它看做是毫無意義、無非是兒童無謂的心理狀態而已，但這樣的說法仍沒有解脫小病人的桎梏。他們斷言這些重疊的身體與一個家庭的成員極其相似，由於亂倫被一條蛇纏起來而被另一條蛇咬死。這種解釋與我們的小病人的設想相似，因為正如我們從第一個夢中所看到的，她的性幻想，也是圍繞其父親而發的。這裡說的是關於巴塔克古蹟，主要也是暗示亂倫關係。

還有一種說法是小孩子在腸道內生長，以自己的徵兆現象學的解釋達到與佛洛伊德的學說完全一致。按照女孩所幻想的孩子是「嘔吐出來的」去做，她不斷地試著使自己噁心和嘔吐，並且她還在廁所中作正規的推壓練習，以便把小孩推出。這樣便弄清楚，為什麼這個孩子在其精神官能症的表現中最重要的症狀是嘔吐。

現在我們把分析扯得那麼遠是為了能返回來看一看整個病例。在這精神官能症的症狀背後，肯定有著與這些症狀相聯繫的某些複雜的情緒過程。假如能從這些有限的材料做出普遍結論的話，那麼我們可以把這個精神官能症例的過程大體歸納為如下情形。

當逐漸接近青春發育期時，利比多使她對現實產生了感官認識而不是客觀的態度。小女孩對老師增長了迷戀之情。在不切實際的幻想中，感情的放縱勝過自我克制，而後者又正是這種戀愛所不能做到的。結果導致

她的注意力不集中，功課落後，進而破壞了她以前與老師的良好關係。於是，漸漸地老師對她失去了耐心。小女孩本來想取悅父母，因此提高了對自己的要求，然而遺憾的是，卻沒能改進她的功課，反而滋長了憤恨情緒；結果，她的利比多由老師及她的功課轉移開，陷入到對一個窮男孩特有的、強迫性的依靠。這個男孩盡可能地利用了這種狀況。因為當個人有意識或無意識地將他的利比多從必要的任務撤回時，沒有利用的（所謂被壓抑的）利比多能激起各種意外事件，無論是在內心還是在外部。前面所描述過的每種徵兆說明了這一點。這些都是以討厭的方式強加於他的。在這些條件下，這小女孩上學的阻力抓住了第一個可以利用的機會，不久後，見到由於得病被送回家的女孩，因此，她便巧妙地照樣仿效了。

一旦離開學校，對她的幻想就敞開了道路。由於利比多的回歸，各種徵兆和幻想果然被強烈地喚醒，並且獲得它從未有過的影響，因為之前它並未產生過這樣重要的作用。現在它充滿了極重要的內容，是利比多回歸到這裡的真正原因。也就是說，這小女孩以她善於編織幻想的天性，過多地從老師身上看到她的父親，因而反對父親亂倫的阻力由此產生。如我早些時候解釋的那樣：她把老師當做父親那樣看對她更方便，我想如果這樣設想會更簡單且更為可能。由於她更願順從青春期暗中給予的刺激而不願順從她對學校和老師的義務，她允許自己的利比多選擇那小男孩。與我們在分析中所看到的一樣，從小男孩那裡，某些祕密的好處是她決定要得到的。即使分析已經證明，由於父親成像的轉移，亂倫的阻力就讓其反對她的老師。主要不是遇到阻力而迫使幻想產生，而是在任何病例中，懶惰和便利才是導致幻想的主要原因。

從夢中瞭解人的祕密

阿德勒

夢的目的是在欺騙我們自己，並使我們陶醉其中，這件事情說明它們為什麼那麼難以瞭解。如果我們瞭解了夢，它們便不能再欺騙我們，也不能再引起我們情緒的恐慌和心境的波瀾。我們將會按照常識來處理問題，不希望再接受夢的啟示。假如夢都被瞭解了，它們的目的也就自然而然的消失了。夢是當前現實問題和生活樣式之間的橋樑，生活樣式本應不需再加強的，它應該是和現實直接接觸。雖然夢有著多種多樣的變化，但是每一個夢卻都表現出：依照個人面臨的特殊情境，他會覺得自己生活樣式的哪一方面需要再加強。所以總體而言，對於夢的解釋都是個人的專屬。我們不可能用普通的公式來解釋符號和隱喻，因為夢是生活樣式的產品，是個人對自己所處特殊情境的解釋中得來的。本文中，我粗略地描述幾種典型的夢時，並無意要提出解釋夢的祕訣，只是想利用它來幫助我們更多的瞭解夢和它的含義。

有許多人都夢到過自己展翅翱翔。這種夢的關鍵，和其他人一樣，在於它們所引起的感覺。它們留下了一種輕快和充滿勇氣的心境。它們把克服困難及對優越感目標的追求視為輕而易舉之事。由此，它還能讓我們推測知道一個勇敢的人。他不但高瞻遠矚，雄心勃勃，即使在睡夢中，也不

願放下自己的野心。它們包含了一個問題：「我是否應該繼續前進？」和一個答案：「我的前途必定是勇往直前的。」

　　也有不少人做過由高處摔下來的夢。這是非常值得關注的。它表示夢者心靈保守並擔心遭受到挫折，而不是要全力以赴去克服困難。當我們記起：我們傳統的教育就是警告孩子，要他們保護自己時，這種夢便很容易理解了。孩子們經常受到告誡：「不許爬上椅子！不許動剪刀！不許玩火！」他們總是包圍在這種虛構的危險之中。當然，有些危險是真實存在的，可是把一個人弄得膽小如鼠，是不能幫助他應付危險的。

　　當人們經常夢見自己不能動彈或趕不上火車時，它的意思通常是：「如果我可以不費力氣的解決這個問題，那麼我一定很高興。而如果我必須繞道而行，我一定遲到。免得再遇到這個問題。或者我要等火車開走。」

　　還有許多人夢見過考試。有時，他們會很驚訝地發現：他們竟然會年紀這麼大才參加考試，或者他們又再次考試通過了自己早已通過的某一門科目。對某些人，這種夢的意義是：「你還沒有準備好去面臨即將到來的問題。」對另一些人，它的意義可能是：「以前曾經通過這種考試，現在你必須再次通過你眼前的這場考驗！」人和人之間的符號絕對不是相同的。關於夢，我們首先要考慮的是它遺留下來的心境，以及它和整個生活樣式之間的關係。

　　有一位32歲的患者曾經來找我治療。她在家中排行老二，而且也像大多數次子一樣野心勃勃。她總是希望自己得到第一，並盡善盡美，可以毫無瑕疵地解決自己的所有問題。她愛上了一個年紀比她大的已婚男人，而

她愛上的人在事業中卻是一敗塗地。她希望和他生活，但是他又無法和原配離婚。後來，她夢見：她在鄉下居住，有一個男人向她租公寓，他搬進來後不久便和她結婚了。他不會賺錢，且懶惰膽小。由於他付不起房租，她只好強迫他搬出去。由此，我們便能發現這個夢和她現在的問題是有某種關聯的。她正在考慮著跟一個事業失敗的人結婚是否可行。他的情人很窮，而且無法資助她。更讓她無奈的事是：他曾經請她吃晚餐，但卻沒有足夠的錢付帳。這個夢的效果是引起反對結婚的心境。她是個野心勃勃的女人，和一個窮男人生活在一起不是她的願望。她用了一個比喻來問她自己：「如果他租了我的公寓，而付不起房租，對這樣的房客，我該怎麼辦？」回答是：「他必須馬上離開。」

　　然而，這個已婚男人並不是她的房客，他們之間沒有可比性。而對於不能供養家庭的丈夫和付不起房租的房客這兩者之間又並不是完全不同。但是為了要更安穩地遵行自己的生活樣式來解決這個問題，她給了自己一種暗示：「我不能和他結婚。」用這個方法，她避免以常識的方式來處理這個問題，而只選出其中的一小部分。同時，她把愛情和婚姻的整個問題縮小到這個隱喻中來：「如果一個男人租了我的公寓，他還付不起錢，他就要滾蛋。」

　　由於個體心理學的治療技術始終是指向增加個人應對各種生活問題的勇氣，因此我們不難瞭解：在治療的過程中，夢發生的改變會使個體顯現出比較有自信的態度。一個憂鬱症患者在痊癒前所做的最後一個夢是：「我獨自坐在板凳上。突然暴風雨襲來。我急忙跑進我丈夫的屋子裡，因此，我很幸運地避開了。然後我幫著丈夫在報紙的廣告欄中找尋合適的工

作。」這位病人能夠自己解釋這個夢。它很明顯地表現出她和丈夫言歸於好的感覺。最初，她很恨他，尖刻地指責丈夫的軟弱和缺乏改善生活的上進心。這個夢的意義是：「和我的丈夫生活在一起，比我獨自一個人承擔風險要好很多。」雖然我們可能會同意這個病人對她環境的看法，可是她使自己遷就於丈夫和婚姻的方式，仍然隱隱透露出她心中的些許埋怨。她過分強調了單獨生活的危險，而且她還不能勇敢、獨立地和丈夫合作。

一個10歲的男孩子被帶到我的診所來。他的學校老師指責他用卑鄙的手段去陷害其他同學。他在學校裡偷了東西，放在其他同學的抽屜裡，來讓他們接受處罰。這種行為只有在一個孩子覺得他的同學都很可惡的時候，才可能發生。他要羞辱他們，證明他們是卑鄙無恥的，而不是他自己。如果他的想法確是如此，我們可以猜測：這必然是受到家庭環境的影響，他的家中必定有某個人是他希望加以厭惡的。在他10歲時，他曾經向街上的一位孕婦扔擲石頭，而闖了大禍。他可能在10歲便已經知道懷孕是怎麼一回事了。我們還能推測：他也許討厭懷孕。我們難免要猜想：使他覺得不開心，是不是因小弟弟或小妹妹的降生？老師的報告上，他被稱為「害群之馬」，他跟同學們搗蛋，給他們取外號、打小報告。他追趕小女孩，甚至打她們。現在我們大致可以猜出：他有一個和他互相競爭的妹妹。

後來，我們得知：他是家裡的老大，有一個4歲的妹妹。他的母親說：他很喜歡他的妹妹，而且對她一直很好。我們由此可以推測：這樣的男孩子是不可能喜愛妹妹的。此外，我們還要追究我們的懷疑是否正確。同時這位母親還說：她和她丈夫之間的關係是很和睦的。這對於這個孩子

真是件憾事。很明顯，他的父母對他所犯的任何錯誤都不負什麼責任，它們或許是出自他邪惡的本性；出自他的命運，或出自他古代的祖先！我們經常聽到這種理想的婚姻，這樣優秀的父母和這樣搗蛋的小孩！老師、心理學家、律師和法官都是這種不幸的見證人。可實際上，「理想」的婚姻對小孩子而言，有可能是非常刺眼的：假使他看到媽媽向爸爸獻殷勤，他由此可能會覺得十分惱火。他要獨佔他母親的注意力。假使美滿的婚姻對孩子不好，而不完美的婚姻對孩子更糟，那麼我們該如何才能更好的把我們的孩子真正地帶入到我們的婚姻關係中來呢？我們應該避免讓他只依附於雙親中的一個。我們考慮的這個孩子可能是個被寵壞的孩子，他要吸引母親的注意力，他學會當他覺得自己受到的關懷不夠時，只有惹麻煩，才能達到他的目的。

我們很快發現了這種見解的證據。這位母親從來不責罰這個孩子，她總是等父親回來懲罰他。也許她覺得心軟，覺得只有男人才有權利發號施令，只有男人才有力量處罰別人，也許她希望這個孩子依附著她，還擔心失去了他。結果是，她把孩子訓練得對父親沒有感情。不願和他合作，並且經常和他發生摩擦。我們還聽說：他的父母雖然全心全力地照顧著家庭，可是因為這個孩子，這位父親在一天工作結束之後，總是不想回家。那是由於回家之後，他還要嚴厲地責罰孩子，並常常鞭打他，據說，這個孩子並不是低能兒童，他已經學會隱藏自己的真實情感了。

他會假意喜歡自己的妹妹，但是並不和她一起好好玩。他時常打她耳光或踢她。他睡在餐廳的沙發上，他的妹妹則睡在父母房間中的一張小床上。現在，假使把我們放在這孩子的位置，假使我們的心情和他一樣，父

母房間中的那張小床也會使我們感到難過。他要獨佔母親的注意，可是在晚上他的妹妹卻和母親靠得那麼近。他必須設法讓母親親近自己。雖然這個孩子的身體非常健康：他出生時很順利，母乳餵養達7個月。但當他初次改用奶瓶喝奶時，他嘔吐了。以後，他的嘔吐斷斷續續發生，直到3歲。大概他的腸胃不大好。目前他飲食正常，營養也相當豐富，但是他對自己腸胃仍心存餘悸。他把腸胃當作是自己的弱點。現在，我們可以更好的理解他為什麼要向孕婦扔石頭了。他對於飲食非常挑剔。他不喜歡家裡的餐飯，他母親給他錢，讓他到外面買自己喜歡吃的東西。然而，他還是四處宣揚：他的父母沒有給他足夠的東西吃。這一類的把戲他已經演練多次了。他恢復優越感的方法就是詆毀別人。

現在，我們已經清楚：他到診所就診時所說的一個夢了。「我是西部的牧童，」他說：「他們把我送到墨西哥，我自己再打開回到美國的血路。有一個墨西哥人想來阻攔，我就在他肚皮上踢了一腳。」這個夢的意義是：「敵人把我包圍。我必須努力奮戰。」在美國，牧童被當作英雄一樣的人物崇拜，他以為追趕小女孩或踢別人的肚皮都是英雄風範。我們已經發現，肚子在他的生活中，扮演著重要的角色──他把它當作最容易受傷害的地方。他自己曾經飽受腸胃之苦，而他的父親也患有神經性胃病，常常抱怨胃不舒服。在這個家庭中，胃的地位已經不可比擬。這個孩子的目標是攻擊別人的弱點。他的夢和他的動作都暴露無遺地表現出同樣的生活樣式。他生活在夢裡面，如果我們無法將他弄醒，他會一如既往的生活下去。他將不僅和父親、妹妹、小男孩、小女孩發生爭鬥，還會向想幫助他的醫師宣戰。他的這種夢想式的行為會刺激他繼續設法成為英雄，去征

服別人，除非他覺悟到，這是他在欺騙自己，否則便沒有哪種治療能幫助他。

在診所裡，我們向他解釋了他的夢。他覺得自己生活在敵國裡，每一個想懲罰他，把他帶回墨西哥的人，都視作他的敵人。他再到診所來時，我們問他：「從上次我們見面以後，有沒有發生什麼事？」「我做了壞孩子。」他回答道。「你做什麼事了？」「我追趕了一個小女孩。」這種說法不僅只是坦白而已，而實際上暗含的是一種謊言，一種攻擊。他明白，這裡是醫院，這些人想改變他，所以他堅稱自己仍然是壞孩子。他似乎在說：「想改變我沒門，我會踢你的肚皮！」我們該拿他怎麼辦呢？他仍然在做夢，仍然在扮演著英雄。我們必須先消除他由這個角色所帶來的滿足感。「你真的相信，」我們問他：「英雄只會追小女孩嗎？這種英雄作風豈不是太蹩腳了？如果你想當英雄，你就根本不要去追趕女孩！」這是治療的一方面。我們必須讓他瞭解，他現在的這種自討苦吃的生活樣式，在將來會為他帶來無窮後患。另一方面則是要鼓勵他合作，讓他發現生活中自己另一面的重要性。除非一個人害怕，會在採用了生活中有用的一面時，遭受到挫敗，否則他是不會固守在無用的一面的。

一個單身、從事祕書工作的24歲女孩子，抱怨她老闆那種欺軟怕硬的作風，讓她覺得無法忍受。她還覺得自己無法與別人交友或維持友情。經驗使我們相信：一個人如果無法與人交友，很可能他有駕馭別人的欲望，實際上她只對自己有興趣，她的目標在於表現自己的優越感。她的老闆可能也是這種人，他們兩個都有指揮別人的想法。兩個這樣的人碰在一起，註定要發生困難。這個女孩子在家中7個孩子中排行最小，也是家裡

的寵兒。她外號叫「湯姆」，因為她一直想當男孩。這更增加了我們的懷疑：她是否以駕馭別人作為她的優越感目標？她理想的認為：只要變得男性化，就能夠主宰別人或控制別人，而且自己還能不受別人控制。她很美麗，但是她認為喜歡她的人，是因為她甜美的面容，所以她一直很怕臉孔受到傷害。在我們的時代，美麗的女孩容易給人留下深刻的印象，也容易控制別人，這些天生的優越條件她都知道。可是她還是希望當男孩子，並用男性化的方式來駕馭別人，結果她也不會因她的美麗而感到優越。

　　她的最早記憶是被一個男人驚嚇過；她承認：強盜或瘋子的侵襲是她最害怕的事情。一個一心想要男性化的女孩，竟然會怕強盜和瘋子，這件事似乎很奇怪，可實際上這並不足為奇。她希望生活在一個她能夠隨意控制的環境裡，對於其他的環境要儘量避開。強盜或瘋子是她無法控制的，因此她希望他們能徹底地消失掉。她希望不費吹灰之力就能男性化，假使失敗了，便裝聾作啞，視若無睹。由於對女性角色的深刻不滿，在她的「男性宣言」中，都存有濃厚的火藥味道——「我是男人，我要擊垮身為女人的種種不利！」

　　讓我們看看：在她的夢中，是否也能感覺到同樣的跡象。她經常夢見自己一個人獨處。她是一個被溺愛的孩子，她的夢意指：「我必須受人照顧。讓我一個人孤零零很不安全。別人會欺負我、攻擊我。」「她的脈搏停止了」是她常常做的另外一個夢。她的意思是說：「小心！你有丟掉東西的危險！」她不希望自己丟掉任何東西，尤其不願意丟掉控制別人的力量，可是她只選了生活中的一件東西——脈搏停止——來代表這整件事情。這個例子還可以說明：夢如何創造出感覺來豐富生活的樣式。她

的脈搏並沒有停止，但是她夢見它停止了，這種感覺便存在了記憶裡。她還有一個相對較長的夢，更能幫我們看清她的態度。「我到一個游泳池去游泳，那裡有許多人，」她說：「有些人注意到我站在他們的頭頂上。我感到有人嘶聲尖叫，並緊盯著我。我搖搖欲墜，似乎有摔下來的危險。」如果我是個雕刻師，我就會這樣刻繪她：站在別人頭頂上，把別人當作踏板。這是她的生活樣式，也是她希望的那種優於他人的感覺。然而，她發現她的地位並不安穩，她認為別人一樣會感覺到她的危險，他們應當小心地照顧著她，這樣她才能繼續站在他們的頭上。在水中游泳時，她感到很不安全。這是她生活的全部故事。她已經確定下她的目標：「儘管我是女孩子，我還是要當男人！」她像大部分的小孩子一樣野心勃勃，但是僅僅表面上的優越是她所期待的，並沒有去想這種優越會給自己帶來什麼樣的處境。而且她也始終生活在恐懼失敗的陰影之下。如果我們要幫助她，我們應找出方法，使她安分守己地扮演自己女性的角色，消除她對異性的恐懼和高估，並以平等且友善的態度對待自己的夥伴。

對佛洛伊德本人的精神分析

弗洛姆

　　是什麼決定一個人性格發展的因素（暫且排除那些固有的因素）？答案必須從他對母親的依附程度獲悉。然而針對佛洛伊德而言，相對來說，知道這種關係的人寥寥無幾。可是，這個事實本身就意義深遠，因為我們瞭解，佛洛伊德本人在自傳中所提供其母的材料少之又少。他在《釋夢》一書中轉述了30多節自己做夢的片斷，僅有其中的兩節涉及到自己的母親。（佛洛伊德是一個愛做夢的人，他肯定做過許多的夢是關於母親的，但他卻避而不談。）他對母親的強烈依賴在下面兩節中將會敘述。一個是「命運三女神的夢」，內容如下：

　　我去廚房尋找布丁充飢。有三個女人站在廚房裡；其中一個女子是小客棧的主人，她手裡正在捏著什麼東西，看似是在做飯團。她告訴我必須做好才行（這話說得含含糊糊）。我感到不耐煩，委屈地離開了。我穿外套。第一件外衣在我看來太長了。我脫下它，發現它鑲有毛皮，這讓我有點兒驚訝。我穿的第二件外套，這件外套有一條帶土耳其圖案的長帶，鑲在外套裡面。一個陌生人向我走來，他臉型較長，留著小鬍渣，說外套是他的，竭力阻止我穿它。於是我讓他看外套上隨處繡有的土耳其花案。他問：「土耳其的圖案、帶子……與你有關係嗎？」此後我們卻十分友好地

相處。

　　我們看到，佛洛伊德在這段夢裡希望能得到母親給東西吃的願望（由佛洛伊德夢中「女主人」或三個女人的聯想，我們可以知道她們都是母親的化身）。這個夢中很特別的因素是做夢人失去耐心。當母親告訴他必須等她做好，他很失望，「委屈地走了」。然後他穿上鑲有毛皮的長外套——然後又穿上另一件不是自己的外套。在這個夢中，一個受母親寵愛的孩子的典型反應呈現出來；他強烈要求母親給他吃東西（「給吃的」可以象徵地理解為「照料、疼愛、保護、稱讚」等）。沒有得到自己吃的」，他便失去耐心，因為他覺得自己有權得到隨時的和完全的注意。他生氣地離開了，去侵佔高大男人——父親的地位（由長款並屬於陌生人的外套所象徵）。

　　佛洛伊德7、8歲時，涉及到母親的另一個夢，30年之後，這個夢依然清晰的出現在佛洛伊德腦海中，他對此做了解釋。「我看見敬愛的母親面容十分安詳，如同睡著了一般，被兩、三個長著鳥喙的人抬進屋子，輕輕地放在床上。」佛洛伊德回憶說，他從夢中哭喊著驚醒，如果考慮到他夢見母親去世，他的焦躁不安合情合理。佛洛伊德在30年之後，對於這個夢的情景仍歷歷在目，這足以說明它的意義；如果兩個夢聯繫起來，我們看到一個孩子的所有願望都希望從母親那裡獲得滿足——對母親會死的想法非常恐懼。但是，從精神分析的角度出發，這是佛洛伊德印象中有關母親的唯一兩段夢。這個意味深遠的夢將證實歐內斯特・瓊斯的主張：「佛洛伊德的這種極端強烈的動機在他最早期就已經露出端倪，極力隱瞞其發展過程的某個重要階段——或許還是對自己的隱瞞。他冒昧地揣測，這就是

自己對母親深厚的愛。」我們所瞭解的涉及佛洛伊德生活的其他事實都表明同一種傾向。他非常嫉妒自己的弟弟、妹妹，比他小11個月的弟弟朱利斯和小他兩歲半的妹妹安娜，他從未喜歡過弟妹們；這些事實可能並不十分具體，未能對支持瓊斯的假設產生關鍵效果。然而，還有其他更具體、更叫人驚訝的事實材料。首先是他在家裡享受著皇帝一般的地位；在妹妹安娜大約8歲時，發生的一件事很有力地證明了這一點。他們的母親酷愛音樂，她讓女兒（佛洛伊德的妹妹安娜）練習鋼琴，雖然鋼琴與佛洛伊德的房間有一定距離，但是琴聲仍然打擾了那時的佛洛伊德，以致他強烈要求把鋼琴搬走；當然，他如願以償。自那時起，家裡沒有人再受過任何音樂教育，甚至還不及佛洛伊德自己的孩子後來學到的多。佛洛伊德討厭聽到音樂的「噪音」，由此，我們不難想像，一個10歲的孩子阻止了家庭的音樂教育，可見他在母親眼裡所佔據的地位。

在佛洛伊德以後的生活中，也表現出對母親的深切依戀。除了塔洛克（Tarok）的搭檔和同事之外，佛洛伊德的空餘時間幾乎不給別人，即使是他自己的妻子。但是，他每週日的早晨都去看望自己的母親，並請母親去他家裡用晚餐，這個習慣一直堅持到他老為止。

佛洛伊德依賴母親，而母親對她的愛子也特別讚賞和偏袒，這種依戀、這種地位對佛洛伊德性格的發展影響深遠。佛洛伊德自己也注意到了這一點，也曾在自傳記敘說：「我深受母親的寵愛，這讓我感覺到勝利者的喜悅，保持經常導致真正成功的信念。」母親的愛就其本性是無私的。她的愛與父親愛孩子不一樣，是因為孩子是寶貝。她愛孩子，並不是因為他做了什麼，而是因為他是她的孩子。母親對兒子的讚賞也是無條件的。

她崇拜兒子，並對兒子加以讚許，不是因為他做了什麼，而是因為他的存在，因為他是母親的孩子。如果兒子是母親的愛子，母親會比父親更加朝氣蓬勃，更富於想像，從而支配家庭，那麼，這種態度就會變得更加極端，佛洛伊德家中的情形似乎就是這樣。早年母親的讚許讓佛洛伊德形成了勝利和成功的感覺。這必定不是習慣，因此受到懷疑的可能性不大。這種自信理所應當地認為自己本該受到尊重和讚許，它給人一種高高在上的感覺，而不是與他們相等的印象。當然，人們可以從超群的天才和智力低下的人的身上發現這種以母親為條件的強烈自信心。在後者情形下，我們常常看到要求與才能之間悲喜劇式的脫節。在前者情形下，有力地促進人的才能和天賦的發展。佛洛伊德的這種自信心與生俱來，並且以他對母親的依戀為基礎。瓊斯也提到過這個意見。「這種自信心是佛洛伊德最顯著的性格特徵之一，它幾乎沒有受到任何損害，這是因為佛洛伊德肯定而正確地看到母愛是自己的保護傘。」

佛洛伊德向其他人，或許也是向自己所隱瞞的對母親的熱切依戀，不僅對理解他本人的性格，也是評價佛洛伊德的一個基本發現——伊底帕斯情結，都是極為重要的。佛洛伊德把對母親的依戀——純粹透過文飾作用——解釋為是由於孩子受到最熟悉女人的性吸引。但是，我們不僅要考慮他依戀自己母親的強烈感情，也要考慮他事實上在試圖壓抑這種感情，就可以理解佛洛伊德為何把人身上最強大的動力之一——渴望母親的照顧、保護、無處不在的愛和讚許的欲念——解釋為孩子透過母親滿足其本能需要的較有限的願望。他發現了人的最基本動力之一——永遠依附於母親，也就是永遠依附於子宮，依附於自然，依附於前個體

（preindividualistic），以及潛意識存在的願望——同時，他又對這個發現表示否定，把它局限在本能欲望的狹小領域。他自己對母親的依戀是其發現的基礎，他限制、歪曲這個發現是因為他力圖不願看見自己的依戀。

然而，對母親的依戀——即使非常令人滿意，意味著毫無猶疑地相信母親的愛——不僅具有絕對自信的積極一面，也有消極的被動一面，它會產生依賴感且當無條件的愛和讚許的滿足感覺不是召之即來，想要就有時，立刻會產生壓抑感。這種依賴感和不安全感似乎是佛洛伊德性格結構和神經病結構中的主要因素。

佛洛伊德的不安全與眾不同，表現為口腔感受、飢餓恐懼和餓死恐懼。由於感受者的安全依賴於母親的餵養、照料、愛和讚許的信念，所以他的恐懼恰恰與擔心失去這種愛有關。

佛洛伊德在給弗利斯（Fliess）的一封信中（1899年12月21日）寫道：「好奇怪！我的恐懼是貧困恐懼，或者更準確地說，是飢餓的恐懼。它產生於我幼年時期的貪飲暴食，而我妻子沒有嫁妝（我以此為自豪）的境況把它重新喚起。」佛洛伊德說：「總而言之——貧困是讓我害怕的弱點，其他我不至於糊塗到抱怨……」

這種對貧困的恐懼還強烈地表現在佛洛伊德經歷中最有戲劇性的一個場面，那就是佛洛伊德說服自己維也納同事（猶太人居多）接受瑞士精神分析學家（大部分是非猶太人）的領導之事。當這些維也納人對佛洛伊德的提議不願接受時，他宣稱：「我的敵人眼睜睜看著我餓死；他們要撕破我的上衣，讓我裸露脊背。」儘管這段話的意圖是要打動那些猶豫的維也納人，但是確實非常離奇，這同樣是佛洛伊德在他給弗利斯信中提到的餓

死恐懼的症狀。

　　還有其他的情況表現了佛洛伊德的恐懼。最顯著的一個表現是他乘火車旅行的恐懼。為了確保不誤車，他不得不在火車出發前一個小時到達車站。假如人們按常理分析這種症狀，理解它的象徵意義就很容易。旅行常常象徵著離開母親和家庭的保護，獨立行事，斷開了與家人的聯繫。因此，對強烈依戀母親的人來說，旅行是一種危險的體驗，是一種冒險，必須特別謹慎。出於類似的原因，佛洛伊德也避免自己單獨出行。暑假期間的長途旅行，他總要找所能夠依賴的人的陪同，通常是他的一個學生，有時是他的親戚。佛洛伊德從他結婚初期一直到他被迫遷出奧地利，始終住在伯格街的一所公寓裡，這也是因為害怕斷絕他的根基。我們在後文將看到，佛洛伊德對母親的依附，還明顯地表現在他與妻子的關係上，明顯地表現在他與男人、與長者、與同代人，以及與弟子的關係上。佛洛伊德需要母親無私的愛撫、肯定、讚賞和保護，他把這種需要轉移到上述那些人身上。

　　佛洛伊德和妻子的關係也表現出他對母親形象的依賴，這一點不足為奇。佛洛伊德與妻子關係的最突出特點，就是他在婚前和婚後的態度截然相反。在他訂婚後的幾年中，佛洛伊德是一個狂熱、多情並且嫉妒心很強的情人。在他給他妻子瑪莎（Martha）的信中（1884年6月2日），很有特色地表達了他那種熾熱的愛。「我的公主，我的到來會讓你難以意料。我將吻得你滿臉羞紅，把你餵得豐滿起來。你到那時就會知道誰是強者，是不吃飽飯的溫順的小姑娘，還是軀體中含有古柯鹼的高大瘋狂的男人。」

　　「誰是強者」的玩笑中含有非常嚴肅的暗示。訂婚後，佛洛伊德有著

強烈的願望，他一心想完全控制瑪莎。自然，這種願望也包含著強烈的嫉妒，除他自己之外，他對瑪莎可能感興趣和有感情的任何人都心懷怨恨。例如，瑪莎有一個表兄，麥克斯‧梅爾（Max Mayer），曾經是瑪莎第一個偏愛的人。「有一段時間，佛洛伊德不允許瑪莎稱呼表兄為麥克斯，只能叫他梅爾先生」。佛洛伊德還談到了一個年輕人，曾和瑪莎戀愛過，他寫道：「當我回憶起你給弗利澤的信和我們在卡倫堡（Kahlenberg）的日子，我就完全失去自控能力，如果我有力量摧毀包括你我在內的整個世界，讓一切重新開始——即便是冒不再產生瑪莎和我自己的危險——我也將毫不猶豫地這樣做。」

然而，佛洛伊德的嫉妒決不僅限於其他青年男子，瑪莎對她家庭的深厚感情也在他的嫉妒範圍內。他要求瑪莎：「她不應該只是簡單地對她母親和她哥哥作客觀的批評，拋棄對他們的一切『愚蠢的迷信』，而且對她家庭的一切感情，她還必須收回——這是因為他們是他的敵人，她應該和他一起憎恨他們」。

在佛洛伊德對瑪莎的哥哥埃利（Eli）的態度中可以發現同樣的情緒。瑪莎曾讓埃利哥哥保管一筆錢，她和未婚夫準備用它購買傢俱。埃利似乎用這筆錢做了投資，他因此沒能及時地如數歸還，而是給他們建議用分期付款的辦法購置傢俱。佛洛伊德對此向瑪莎提出最後通牒，首先讓她必須給埃利寫信，以示憤怒，還要咒罵他為「惡棍」。甚至在埃利還了錢之後，佛洛伊德還要求瑪莎「答應斷絕了和埃利的一切關係之後再給他（佛洛伊德）寫信」。

「男子有控制妻子生活的自然權利」這一假設是佛洛伊德男子優勢理

論的部分觀點。這種看法的典型例子是他對約翰・彌爾（John Stuart Mill）的批評。佛洛伊德讚揚彌爾，說他「也許是本世紀最善於使自己擺脫習慣偏見與束縛的人。而另一方面，彌爾在許多問題上不乏荒謬感」。那麼，彌爾思想中有什麼「荒謬」之處呢？根據佛洛伊德的看法，那就是他關於「婦女解放及……所有婦女問題的觀點」。彌爾認為已婚婦女能夠掙得和丈夫一樣多的薪水，佛洛伊德因此說：

> 彌爾的這種觀點簡直沒人性……讓女人完全像男人一樣為生存而奮鬥確實是個不實際的思想。譬如，我把溫柔可愛的姑娘想像為一個競爭者，結果只能像我一年半前所做的那樣，告訴她我愛她，懇求她離開競爭，回到家庭的平靜、無爭的生活中。……我相信，法律和教育的一切改革都會在這個事實面前潰敗，也就是在一個男人還未贏得一定社會地位的年齡之前，決定了女人命運的是女人與生俱來的美貌、魅力和溫柔，這已經足夠了。法律和習俗確有許多東西要灌輸給不懂得它們的女人，但是，女人的地位確實將是如此：年輕時是個受人敬慕的心上人，成年後是個受人摯愛的妻子。

佛洛伊德關於婦女解放的看法，與歐洲上世紀80年代普通人的觀點沒有任何區別。但與普通人不同，佛洛伊德反對他那個時代一些根深蒂固的偏見，然而在婦女問題，他卻效仿最傳統的看法，把彌爾斥責為「荒謬」、「沒有人性」，而彌爾的觀點不過50年就為人們普遍認可了。佛洛伊德的態度確實表明他竭力把婦女置於低劣地位的要求是何等強烈，何等逼人。他的理論觀點對這種態度的反映是十分明顯的。把婦女看做是失去生育能力的男人，認為她們自己無法進行真正的性行為，總是嫉妒男人，

她們沒能充分地發展，虛榮心十足，不可信賴，所有這些只不過是他那個時代父權制的偏見在理論上的翻版。像佛洛伊德這樣具有洞察能力和批判傳統偏見的人，必定受他內在的強大力量所支配，才會視之不見這些所謂科學的陳述的文飾特徵。

50年後，佛洛伊德依舊堅持同樣的見解。當他批評美國文化具有「母權制」特徵時，來看望他的學生沃思（Worthis）博士問他：「你不認為雙方平等不是最好的嗎？」佛洛伊德答道：「這根本不可能實現。必定存在著不平等，兩害相權，還是男人優越些好。」

如果說，佛洛伊德在訂婚後和結婚前的日子裡充滿了熱烈的追求和強烈的嫉妒，那麼他的婚後生活似乎非常缺乏主動的愛和生活熱情。如同許多傳統的婚姻一樣，征服女人是令人激動的，而一旦征服得手，熱烈的愛情也就喪失了原有的浪漫。男子的自豪在於求婚；而求婚得手並結婚後，自豪感也就失去了最初的那種滿足。處於這種婚姻的妻子就只能履行母親的職能。她必須無怨無悔地獻身於丈夫，關心他的物質財富，永遠服從他的要求和願望，而她自己永遠是一個別無所求的女人，一個伺奉他人的女人——母親。婚前，佛洛伊德陷入熱烈的愛情——因為他必須征服他選擇的姑娘，以證明自己的男子氣概。征服一旦得到結婚的證實，「可愛的心上人」就變成強烈地愛著的母親，盡可能依賴她的照顧和愛，對她則無須給予主動的、熱情的愛。

佛洛伊德對妻子的愛只是接受性的，並且缺乏性的激情，有許多重要的詳細材料對於這一點可以給予充分的證明。其中最讓人記憶深刻的是他給弗利斯的信。信中描述了，除了純粹的客套話之外，幾乎沒有談到他

的妻子。考慮到佛洛伊德極其詳盡地描述了他的思想、他的病人、他的職業成就和挫折，這本身就頗有回味之處；但更重要的是，佛洛伊德經常以萎靡的情緒敘說他生活的空虛，只有在他工作順利的時候，他才倍感充實和滿足。他與妻子的關係從未讓他感覺是幸福的重要源泉。如果考慮到佛洛伊德在家中或度假時打發時間的方式，也會得到同樣的印象。在工作日裡，佛洛伊德每天從早上8點到下午1點看病人，然後用午餐，獨自散步；下午3點至晚間9、10點在會診室工作，然後和妻子、妻妹或女兒散步，隨後開始處理信件和寫作，除非晚上有客人來訪，他都會工作到凌晨1點。佛洛伊德似乎喜歡獨自一人吃飯。一個非常有說服力的例子說明了佛洛伊德的習慣。他把新近購買的古玩，是一座小雕像，帶到飯桌上，擺在他的面前，陪伴他吃飯。飯後再把它放回書桌，然後再帶到飯桌上，放上一兩天。星期日上午，佛洛伊德看望自己的母親，下午與精神分析學界的朋友和同事在一起，與母親和妹妹用完晚餐之後，開始寫作。佛洛伊德的妻子經常在下午接待朋友的來訪，如果有「佛洛伊德感興趣的來訪者，他會到會客室待上幾分鐘。」瓊斯的這段報導非常充分地說明了佛洛伊德對妻子的生活缺乏主動的興趣。

佛洛伊德用大量的時間在夏季旅遊。這個假期是補償一年其他時間艱苦、連續工作很好的機會。佛洛伊德喜歡旅遊，可他不喜歡獨自旅遊。而他的假期時間只有很少一部分用來彌補他平常在家極少陪伴妻子的過失。就像前面所說，他出國旅遊常和精神分析學派朋友，甚至和妻子的妹妹結伴，但很少和妻子同行。對此，有幾種不同的解釋。佛洛伊德本人有一種解釋，瓊斯又持另一種解釋。瓊斯寫道：「他的妻子忙於其他事情，幾乎

不可能與他去旅遊，而且她也經不起佛洛伊德馬不停蹄的速度，或沒有他那種四處觀光的熱情。……不過在旅遊中，佛洛伊德幾乎每天發電報或寄明信片給她，每隔幾天都有一封長信。」令人奇怪的事，只要對象是他心目中的英雄，瓊斯的思想就變得如此因循守舊，毫無見解了。任何一個願意與妻子一起歡度餘暇的人，都會控制觀光的熱情，以便讓妻子參加進來。佛洛伊德提出了不同的理由，解釋他為何不與妻子一同旅遊，因而上述解釋的文飾性質就更加清楚了。他在巴勒莫（Palermo）〔他和費倫齊（Ferenczi）一起到那裡〕寄給妻子的信中寫道：

我非常遺憾，沒有讓你們都看到這裡美麗的風景。如果能有七八個人，哪怕只是三個人一起享受這種景致，我恐怕就不再會是一個精神病學家，當然也很難說是開闢心理學新方向的創始人，而會變成一個生產像衛生紙、火柴或靴扣這些實用物品的製造商。現在知道這些已經太晚了，所以我只能繼續自私地獨自享受，與此同時，又深感遺憾。

無需多講，佛洛伊德顯然是在掩飾，事實上，這些解釋和那些更喜歡和男性朋友，而不願意和妻子度假的丈夫們的解釋又有什麼區別。並且值得一提的是，儘管佛洛伊德作過自我分析，可是當局者迷，他對自己的婚姻問題是多麼盲目；他在掩飾，而他卻根本不知道自己在做什麼。本來完全是攜妻子出遊的事情，僅僅他們兩個人而已，可是他卻說該是七八個人，哪怕只是三個人一道旅遊；之後，又擺出一副貧窮但又十分重要的科學家，而不是一個生產衛生紙的富商的模樣——所有這一切都不過是為自己不願帶妻子一起出國尋找的藉口罷了。

佛洛伊德愛情中疑點的性質，也許最清晰地表現在一個夢中，《釋

夢》曾經談到了這個夢。內容大致如下：「我寫了一部專著，論述的是某種植物。書放在我的面前，我正在翻看一頁折起來的彩色插頁。每一幅照片上都裝訂著一隻乾癟的植物標本，彷彿是從植物標本集抽取來的。」根據佛洛伊德的聯想，我做出如下描述：「那天清晨，佛洛伊德在書店的櫥窗裡看到一本新書，題目是《仙客來》——顯然是關於這種植物的一本專著。他記起，仙客來是自己妻子十分喜愛的花，於是開始責備自己很少記起帶給她一些她所喜愛的花。」

另外一串夢的聯想將佛洛伊德從花帶到毫不相干的主題，也就是他自己的抱負。「有一次，我回憶起我確實曾寫過專論植物的文章，也就是關於古柯植物的論文，它引起卡爾・科勒（Karl Loller）對古柯鹼麻醉性質的注意。」接著，佛洛伊德想起一篇紀念科勒的「紀念文集」，前一天晚上他還會見過這篇文章的編輯。古柯鹼的聯想與佛洛伊德的抱負相關。他在其他一些地方曾表示，沒能繼續探索古柯問題讓其非常遺憾；由於探索中斷，他喪失了做出巨大發現的機會。這個問題的提出，涉及到這樣一個事實：為了結婚，他必須放棄純理論研究。

夢的意思非常清楚（在自己的解釋中，佛洛伊德沒有看到它）。乾癟的植物標本是中心問題，它表現了佛洛伊德內心的衝突。花是愛和幸福的象徵，特別是因為這種花是妻子的最愛，可他卻很少記得送給妻子。古柯植物代表他的科學興趣與抱負。對於花，對於愛，他做了什麼呢？他壓癟它們，把它們放進標本集。換句話說，他讓愛情乾枯，讓愛情成為其科學研究的對象。這正是佛洛伊德的所作所為。他把愛作為科學的對象，然而在實際生活中他的愛始終是枯萎和無果實的。只不過他的科學—理智的興

趣超過了他的愛欲；科學─理智的興趣窒息了愛，同時也成了佛洛伊德愛情體驗的替代品。

夢中表現的愛情枯萎也非常清楚地涉及到佛洛伊德的性愛及其性欲和能力，雖然有些矛盾。但是相對而言，佛洛伊德對女人的興趣的確不大，也很少有性的衝動。正如瓊斯指出的那樣：「他的妻子無疑是他愛情生活中唯一的女人」，而且，「她在佛洛伊德心目中一直是居於首位。」同時瓊斯又指出：「和其他男人相比，佛洛伊德在生活中較有激情的方面可能平息得早了一些。」一些事實也證明了這種說法的真實性。佛洛伊德41歲時寫信給弗利斯，訴說自己的心境，隨後還附上一筆說：「性的刺激對我這樣的人來說已經沒有更多的用處。」由此可以看出，性生活對於他來說大約已經結束了。另一件事也說明了同一個事實。佛洛伊德在《夢的解析》中提到，在他40多歲時，有一次在肉體上覺得被一個年輕女子所吸引，自己不由自主地和她稍有肉體接觸。他評論說，他感到非常驚訝，在他身上居然「仍舊」存有被這種東西吸引的可能性。他56歲時寫信給賓斯旺格（Binswanger）：「今天，老人的利比多自然隨著財富的分配而消耗殆盡。」即使在他這個年齡，也只有對性生活沒有強烈要求的人才承認他的利比多已經放棄了性目標。

假如這個想法合理，由此我們就推斷，佛洛伊德的一些理論也證明了他的性欲受到壓抑。佛洛伊德反覆強調，性交只能使文明人得到有限的滿足，「嚴格說來，文明人的性生活是不完整的，性欲作為快感的源泉，或者說作為達到生活目的的工具，其重要性已經明顯地減小了。做出這樣的推測錯誤的機率不大。」佛洛伊德用假設說明了這個事實，他認為，只

有當生殖器、嗅覺器官及其他「倒錯的」欲念沒有受到壓抑時，才有充分滿足的可能；他甚至還考慮到這種可能性，「不只是文化的壓抑，而且（性）機能本身的一些特性都會使他們得不到充分的滿足，迫使我們走向其他方向。」

佛洛伊德還認為：「結婚三五年之後的婚姻生活不再如它許諾過的那樣滿足性需求了，因為迄今為止的一切避孕措施都會剝奪性的快樂，影響雙方的敏感，甚至會成為疾病的直接來源。」

根據佛洛伊德對他性生活的評述，不難推測，佛洛伊德有關性的這些觀點是他自己受壓抑的性欲的掩飾表現。實際上，許多和他處於同一社會階層、年齡和一般文化修養的人，在40多歲時並不覺得自己已經過了從性關係中獲取快樂的時期，他們與佛洛伊德不同，否認結婚幾年之後性快樂就不復存在了，即便是非得使用避孕措施不可。

我們再進一步推測，佛洛伊德的另一個理論也存在著掩飾的作用，那就是文明和文化是本能受到壓抑的結果。坦率地講，該理論是指：因為我非常關切思維和真理，所以我必然對性沒有任何興趣。在這裡，佛洛伊德和通常一樣，將個人經驗普遍化了。而這恰好是他因其他原因飽受性壓抑之苦，而不是由於他深深地關切創造性思維。佛洛伊德的性壓抑聽起來似乎和他把性衝動置於理論的中心地位這一事實相矛盾，可是這個矛盾相比實際而言更多的是表面化的。許多思想家都會長篇大論地探討他們缺乏的東西及他們盡力為自己或為他人爭取的東西。除此之外，佛洛伊德還是一個持有清教徒式生活態度的人，如果他不能保證在這方面的「德性」，那麼他這樣赤裸裸地描寫性簡直是天方夜譚。

佛洛伊德對女人缺乏親密感的另一個表現是他對女人缺乏理解。他那些有關女人的理論是男子，特別是為了遮掩對女人的恐懼而需要統治地位的男子的偏見及天真素樸的理論化產物而已。不過，佛洛伊德對女人缺乏理解並非僅從其理論推斷，而是他本人也曾非常坦率地提到這一點。在一次談話中他談道：「30年來我一直在研究女人的心靈，可是我卻一直未能回答這個從未有過答案的重要問題：女人想要什麼？（Was will das Weib？）」

然而，我們在談論佛洛伊德愛的能力時，一定不能把自己僅僅限制在性愛問題上。即使不涉及性愛因素，佛洛伊德一般對人也缺乏愛。在第一次征服的熾熱感情燃燒殆盡之後，佛洛伊德和妻子的關係很明顯是一個忠誠但有點疏遠的丈夫的關係。而且，他與男性朋友，布洛伊爾、弗利斯、榮格，以及他那些忠實的學生的關係也是疏遠的。不管瓊斯和薩克斯（Sachs）怎樣過分崇拜地描述佛洛伊德，人們一定可以透過他給弗利斯的信，透過他反對榮格，最後反對費倫齊而瞭解到，佛洛伊德並沒有愛的強烈體驗。他自己的理論觀點也進一步證實了這一點。關於對鄰人愛的可能性，佛洛伊德說：

我們可以從文明社會的一個所謂理想標準中發現這種提示。它說：「愛鄰人就應像愛你自己一樣。」它是眾所周知的，無疑地比把它標榜為最得意的宗教箴言的基督教更古老，不過，它確實沒有那樣古老；人們在過去對它一無所知。我們將採取質樸的態度，如同第一次知道它一樣。於是，我們發現自己控制不住驚訝的情緒。好像遇到了某種不合情理的事情。我們為什麼應該這樣做？對我們有何好處？首先，我們如何做這種

事？可以做這種事嗎？對我來說，我的愛寶貴至極，我沒有權力輕率地拋棄它。而上述標準卻把義務強加於我，迫使我做出犧牲去為它負責。如果我愛某個人，在某個方面他必須值得我愛。（我現在不考慮他可能對我有幫助，也不考慮他對我的性目標有什麼潛在意義；我們之間沒有這兩層關係，愛我鄰人的律令就會發生問題。）如果他在許多重要方面非常像我，我可以透過他愛我自己，那他就值得愛；如果他比我更完美，我可以透過他愛理想中的我；假如他是我朋友的孩子，那我有必要愛他，因為我朋友如果遇到不幸的事情會感到非常痛苦，那也是我的痛苦——我應該幫朋友分擔痛苦。假如他是個陌生人，他本身具有的價值，或者他在我的情感生活中所佔據的重要地位無法吸引我，那就很難讓我愛上他。甚至可以說，如果我愛他，我就做錯了，因為我的愛為一種特權，是屬於我的一切珍視；如果我把陌生人置於和他們同樣的地位，這對他們是不公平的。如果我愛他（以一種普遍的愛）僅僅是因為他也是地球上的居民，像一隻昆蟲、一條蚯蚓或一條青草蛇一樣，恐怕芝麻粒大的愛都是他命中註定的，而且，根據理性原則，我有權為自己保留愛，因而我不可能賦予他更多的愛。假如理性讓我們否定這條律令，那麼，又何必莊重地頒佈這樣一條律令呢？

高談闊論「性」的佛洛伊德是一個典型的清教徒。對他而言，文明人的生活目的就是壓抑自己的情感和性的衝動，以此為代價，過一種文明的生活。不會犧牲這種代價的只有未開化的芸芸眾生。有理智的天才人物與芸芸眾生相反，他們不滿足於自己的衝動，因此能夠為了更高的目的昇華這些衝動。整個文明就是這種本能衝動得不到滿足的結果。

在此值得一提的是，年輕的佛洛伊德還沒有涉及歷史和昇華問題時，他的後期理論中所闡述的思想已經在其腦海中跳躍。在他給未婚妻的信中就描述了觀看歌劇《卡門》演出時湧上心頭的一連串想法。他寫道：

芸芸眾生發洩他們的衝動（縱欲），我們則剝奪了自己。我們如此做的目的是為了保持自己的完整。我們節省自己的體力、精力、享樂的能力和力量，就是為了某種東西養精蓄銳，但至於是什麼原因自己也不知道。持久壓抑自然本能的習慣使我們養成文雅的性情。我們也有更深切的感受，因此不敢對自己奢求更多。我們為什麼不酗酒？因為醉醒後的不適和羞愧帶給我們更大的「不快」，它遠遠超過酩酊大醉的歡樂。我們為什麼不和每一個人交朋友？因為失去他或他所遇到的任何不幸都會痛苦地折磨我們。因此，我們的努力是更多地考慮如何避免痛苦，而不是如何產生快樂。如果這種努力獲得成功，剝奪自己的那些人就會像我們一樣，為了生死而限制自己，忍耐著貧困和相互之間的想念，以保持自己的忠誠，絕不屈服於命運的殘酷打擊，任其從他們手裡奪去最至愛的人。我們的整個生命行為都以此為前提條件：我們能夠隱藏起來，逃避最恐怖的貧困，我們總可以逐漸地擺脫因社會結構帶來的不幸。

貧窮人、普通人，如果沒有粗厚的皮肉和懶散隨意的生活方式就不可能生存。既然自然和社會所包含的一切災難直接破壞他們所愛的東西，他們為什麼要強烈地感受自己的欲念呢？既然沒有等待他們的東西，為什麼他們要蔑視瞬息間的快樂呢？貧窮的人大多沒有力量，毫無遮掩，因此他們不能像我們那樣去做。每當我看到人們享受歡樂，置一切嚴肅於九霄雲外，我就會想到，這是對他們的一種補償，以彌補他們在一切苛捐雜稅、

瘟疫災難、身體疾病，以及我們社會組織的罪惡環境面前的那種束手無策。我不再深入發揮這些思想了，由此可以表明，民眾的判斷、信念、希求和工作與我們完全不同。有一種普通人的心理學，它和我們的心理學多少有點區別。這種人對「團體」也比我們有更多的感受：只有他們才對一個生命繁衍出下一個生命的方式十分敏感，而對於每個人來說，世界隨著他的滅消亡而消亡。

27歲的佛洛伊德寫的這封信，在許多方面都饒有趣味。佛洛伊德在信中還預示了他的後期理論，表現出我們之前討論的貴族式的清教徒傾向：剝奪自己、節省自己享樂的能力是昇華的條件，傑出人物是在這個基礎上產生的。除此之外，佛洛伊德還在這裡提出了一個觀點，它成為多年後得以發展的一個最重要的理論的基礎。他述說，自己擔心在感情中受到傷害。我們不愛每一個人，因為離別會異常痛苦；我們不能和每一個人都交朋友，因為喪失朋友會引起我們的悲傷。生活的趨向是避免悲傷和痛苦，而不是體驗快樂。

正如佛洛伊德自己非常清楚地指出：「我們的努力更多地是考慮怎樣避免痛苦，而不是怎樣產生快樂。」在此，我們發現了後來被佛洛伊德稱之為「快樂原則」的闡述：快樂實際上就是避免不快樂，就是解除痛苦的壓力，而不是積極享樂。

海鴿文化出版圖書有限公司
Seadove Publishing Company Ltd.

作者	西格蒙德・佛洛伊德
譯者	袁文婷
美術構成	驟賴耙工作室
封面設計	ivy_design
發行人	羅清維
企畫執行	林義傑、張緯倫
責任行政	陳淑貞

青春講義 130

少女杜拉的故事
Dora: An Analysis of a
Case of Hysteria

出版	海鴿文化出版圖書有限公司
出版登記	行政院新聞局局版北市業字第780號
發行部	台北市信義區林口街54-4號1樓
電話	02-27273008
傳真	02-27270603
e‑mail	seadove.book@msa.hinet.net

總經銷	創智文化有限公司
住址	新北市土城區忠承路89號6樓
電話	02-22683489
傳真	02-22696560
網址	www.booknews.com.tw

香港總經銷	和平圖書有限公司
住址	香港柴灣嘉業街12號百樂門大廈17樓
電話	（852）2804-6687
傳真	（852）2804-6409

CVS總代理	美璟文化有限公司
電話	02-27239968 e‑mail：net@uth.com.tw

出版日期	2023年03月01日　一版一刷

定價	280元
郵政劃撥	18989626戶名：海鴿文化出版圖書有限公司

國家圖書館出版品預行編目資料

少女杜拉的故事／西格蒙德・佛洛伊德作；
袁文婷譯--一版，--臺北市　：海鴿文化，2023.03
面　；　公分. －－（青春講義；130）
ISBN 978-986-392-480-7（平裝）

1. 歇斯底里症　2. 精神分析學　3. 個案研究

415.996　　　　　　　　　　　　　112001278